最高の学級づくり
パーフェクト
ガイド

指導力のある教師が
知っていること

赤坂真二 著

JN171689

明治図書

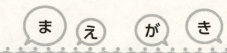

ま え が き

チームの時代を生きる子どもたちを育てる学級集団づくり

まず，おたずねします。

> 皆さんのクラスはチームですか。

チームとは，

> ① 一人ではできない課題を，
> ② よりよい関係性を築きながら，
> ③ 解決する集団

です（『スペシャリスト直伝！ 学級を最高のチームにする極意』明治図書，2013）。

　現代社会は「チームの時代」と呼ばれています。1965年生まれの私が子どもの頃は，高度経済成長の時代でした。大量生産が求められた時代は，人を一定の枠に当てはめて，それこそ「組織の歯車」のようにして動かすことによって生産性を高めなければいけませんでした。だから，社会から求められる人材は，組織の一員として，余計なことを考えず，余計なことを言わずに，上の命令に黙って従う力が求められました。

　しかし，やがて社会にものがあふれるようになると，量から多様性の時代に移行していきます。みんなが同じことをやっている労働から，個人の独立性を大事にするようになりました。個人の自由度が，多様な商品を生み出す原動力になるからです。そのため，企業は個人の能力を評価する成果主義を取り入れるようになりました。

　ところが，この成果主義は，今まで組織の歯車として働いてきた日本人には合わなかったようです。個人に成果を求めることによって個人への期待が大きくなります。すると真面目な日本人は，仕事にプレッシャーを受けるようになり，周囲のことはさておいて自分のことだけを考えるような人たちが出てきました。これによって，組織としてのまとまりが失われ，生産性を落

2

とす企業も出てきました。

　そういう中で，企業が生き残るために選んだ戦略は，チームとして成長することです。ある課題に対して，複数のメンバーでアイディアを出し合い，解決していくようになったわけです。チーム力が必要になったのは，これまでの労働形態が合わなくなったからだけではありません。世の中は複雑化，そして，高度化し，そこで生起する課題もそれだけ複雑化，高度化しました。その課題を解決するには，過去の解答例が適用できなくなってきました。課題を解決するには，一人で考えるには手に負えないものが多くなってきたのです。すると，その場にいるメンバーでアイディアを出し合い，正解ではなく「最適解」を見つけ出し，アクションを起こす力が求められるようになりました。

　この一人では解決できない課題を，力を合わせながら解決する力がチーム力で，そこで個々のメンバーに求められるのがチームワークを遂行する能力なのです。これからの時代は，組織に依存した受け身の生き方ではやっていけません。逆に，どんなに個人的に秀でた能力をもとうとも，他者と協力できないのではチームにデメリットをもたらしますので評価されません。つまり，個人の能力が意味を成すのは，他者の存在やかかわりがあってのことであり，それらの力を現実的なものにするのは，チームワーク力であると言えます。

　少し，振り返ってみましょう。

> 今のあなたの授業や教育活動で，愛する教え子たちは，この激変する社会を乗り切ることができるでしょうか。

　新学習指導要領で示されている授業改善の視点，いわゆるアクティブ・ラーニング（以下，AL）の議論は，「一斉指導の否定」から始まりました。一日中，クラスメイトの後ろ頭を見ながら，教師に聞かれたことに予想された答えを出し，板書をひたすら写している「整然とした」授業を，十数年受けていて，これからの社会人としてやっていけますか，という問いが投げかけら

れました。つまり，AL の導入は，教育改革全体にとってはほんの通り道にすぎないのです。その先に狙われているのは，キャリア教育の視点に立ったカリキュラムの構築であり，子どもたちの社会的自立能力の育成なのです。

こうした状況で，これらの学力を統合するものとして注目したいのが「教育課程企画特別部会における論点整理について（報告）」（平成27年8月26日）における「育成すべき資質・能力について」の中で示された，「協働的問題解決」の能力です。子どもたちがこれから直面する問題は，過去の経験では対応できないものであり，正解が見いだせないものがほとんどであると予想されます。それらの問題に一人で立ち向かうのは負荷が大きすぎるとは思いませんか。地域，職場，家庭で，他者と力を合わせて，その状況で考え得る最適解を見いだす力が求められます。これからの生きる力はこうしたことに応えていかねばならないのです。一部自治体に見られるような闇雲に学力の偏差値を上げようとすることが，これからの社会の発展と子どもたちの幸福の創造に寄与するとはとても思えないのです。

それでは，

> **ホンモノの AL を実現する学級集団とはどのような姿なのでしょうか。**

AL が，単なるペア学習やグループ学習などの交流型の学習ではないということはおわかりだろうと思います。AL は，新しい視点かもしれませんが，集団づくりの上ではとても伝統的な問題だと指摘できます。ベテラン層の先生方はよく思い出してください。日本の教師は，従来から，自分たちの問題を自分たちの手で協力し合って解決する，子どもたちの主体性に支えられた集団を志向してきたのではありませんか。所謂，自治的集団と呼ばれる状態です。自治的活動は，自分たちの生活上の諸問題を解決しますが，AL の授業も原理は同じです。生活上の諸問題を解決するように，主体的に学習課題を協力し合って解決するのです。教師の指導性が高い状態では，いくら交流して学習課題を解決しようとも，それは受け身の一斉指導の構造と何ら変わりないのです。

　ホンモノの AL を実現できる集団は自治的集団です。自治的集団は，自由に活動しているように見えて多くのルールに支えられています。そして，そのルールを支えるのが教師と子どもたち，子ども同士の信頼関係です。信頼関係のない集団の中で，子どもたちは対話をしようとするでしょうか，深く学ぼうとするでしょうか，そして何よりも，やる気になるでしょうか。AL時代の学習環境づくりで問われているのは，「そこが信頼できる場所になっているか」ということです。信頼できる場所で学んでこそ，子どもたちは社会のために貢献しようとするのではないでしょうか。

　その自治的集団こそ，チームとなった学級集団の姿です。改めて，チームの定義をご覧ください。主体性と良好な関係性に支えられて問題を解決する姿は，まさしく自治的集団と呼べます。しかし，学級集団づくりを学ぶ機会は，教員養成から現職教育まで含めてそれほど多くありません。特に，教員養成では学級集団づくりを学ばなくても教員免許状を取得することが可能なのです。学力向上の基盤は学級集団づくりだといわれながら，それを学ぶのは教師の個人的努力に任されているのが現状です。その結果，全国には学級集団づくりに悩む教師が現れました。そんな現状を鑑みて，2015年2月から全国の学級集団づくりのスペシャリストたちと，明治図書さんのお力添えをいただきながら，「学級を最高のチームにする極意」シリーズの発刊を始めました。

　本シリーズは，学級集団をもうワンランクアップしたいと願う教師や，今まさに学級集団づくりに悩む教師の抱える問題の処方箋として，好評を博し，現在も発刊中です。ある程度数が揃ったところで，「それぞれの書籍の関係性を整理するガイドブックのようなものがほしい」との声を受け，本書を発刊することにしました。本書は，私が担当したシリーズの理論編に，実践のポイントなどを大幅に加筆して，実用性が高いものに仕上げました。

　8〜9ページには，それぞれの書籍がどのように連動するのかを示したガイドマップを示しました。シリーズをつなぐ骨格は，全巻を通じて主張されてきた「学級集団づくりの道筋」です。学級集団をチームにする道筋は，以

下の３段階です。

---

① 信頼感を基盤とした教師のリーダーシップの発揮
② 子ども同士の信頼関係の構築
③ 協働的問題解決力の育成

　皆さんの学級集団づくりにおける関心や課題はこれらのどの段階でしょうか。皆さんのニーズに応じて本書を開いていただきたいと思います。したがって、第１章からお読みいただく必要はありません。関心のあるところからお読みください。しかし、学級集団づくりの全体像を知りたい方は、第１章からお読みください。

　第１章は、学級集団づくりの理想像となっています。どこを目指せばよいのかというゴール像を示してあります。

　また、第２章と第３章は、学級集団づくりの導入期の実務を示してあります。皆さんはとてもお忙しいと思います。しっかり読んで準備してから実践というのは難しいことでしょう。ですから、ゴール像だけ、まず頭に入れていただいてから、初日から導入期にやらねばならないことを着々と実践していただければと思います。

　第４章から第７章は、学級集団づくりの背骨ともいうべき基礎中の基礎です。ここを疎かにすると、２学期以降にしんどくなってきます。背骨のゆがみがやがて全身を蝕むようにです。しかし、ここをしっかりやっておくと、後になればなるほど皆さんの仕事は楽になるでしょう。

　そして、第８章、第９章は、学級集団づくりの筋肉です。ここを豊かにすると、学級集団は安定してきて、ダイナミックな動きができるようになります。そして、第10章は、アクティブ・ラーニングについてです。骨格と筋肉のしっかりした学級集団がチャレンジできる授業の実際が示されています。

　さて、最も重要な本書の「使い方」ですが、各章にそれぞれテーマに応じたチャレンジ項目が示されています。自分がチャレンジすべきものを見つけた場合は、

1か月に1章のチャレンジ

をしてみてください。欲張らずに一つ一つクリアしていきましょう。決められた期間で結果を出すためには，焦点化が大事です。あれもこれも手を出すと，結果的に何もできなかったということになりがちです。はじめは小さな変化でも，積み重ねればそれは大きな変革になることでしょう。1か月に1章をクリアしたら，10か月で，10章のクリアです。何とチャレンジに満ちた一年でしょうか。学級集団づくりという営みは多岐にわたるからこそ集中することが大事です。

　さあ，あなたの目の前の子どもたちをチームにするチャレンジを始めましょう。子どもたちはチームを営む中で，チームの中で生きる力を身に付けることでしょう。チーム経験は，これからの子どもたちにとっては生きる力です。学級のチーム化へのチャレンジは，子どもたちに未来をつくる力を育成し，そして，今現在の幸福感も高めることができます。皆さんにとっても，子どもたちにとっても価値ある時間になることでしょう。

　なお，本書をきっかけに，更に詳しく知りたくなった方はシリーズをお手に取ることをお勧めします。実力派教師たちが具体的な情報を提供してくれます。本シリーズを有効に活用していただくために次のように読んでみてください。

・1回目は，各実践をフィルターをかけずに素直に読む
・2回目は，各実践に共通した部分を探しながら読む

　このように読むと各執筆者が共通して主張し実践していることがわかります。そこに成果をあげるための原理があります。

➡次ページにシリーズの構造図を示しています。読者の皆さんのニーズに合わせて，ぜひお手に取っていただければ幸いです。

赤坂　真二

学級集団づくりとは，何をすることなのか，また，何を目指せばよいのか？ 理想の学級とはどんな姿なのか？→第1章

協働的
問題解決力

ルールは学級の姿を写す鏡。学級に必要なルールとは？ また，その具体的指導方法は？→第8章

「主体的・対話的で深い学び」を実現するには？ また，それが成り立つための必要条件とは？ 試行錯誤の続くアクティブ・ラーニングに向き合う→第10章

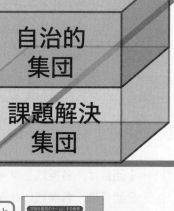

自治的
集団

課題解決
集団

まとまりのあるクラスは，やる気を引き出す目標をもっている。クラスのまとまりを生み出す学級目標の設定とは？→第3章

子どもたちが自己実現し，幸せになるためには，他者と協力しながら，問題解決をしたり，学習活動をしたりするチーム体験が必要です。本シリーズで提唱する学級集団づくりは，単にクラスをまとめることを言うのではありません。信頼関係を基盤にして，一人ひとりが，幸せになる力をつけるための営みのことを言います。

気になる子とつながるには何をすればいいのか？ あなたのその個別指導は，正しいのだろうか？→第5章

今のいじめ指導に決定的に欠けているものがある。問題に向き合うために今，すべきことは？
→第9章

"学級を最高のチームにする極意"
シリーズ（第1巻〜10巻）

Guide Map

学級をチーム化する手順は，図に示す3段階です。①信頼に基づく教師のリーダーシップ（LS）の発揮，②子ども同士の信頼関係の構築，③協働的問題解決力の育成です。③の高まりによって課題解決集団から自治的集団へと成長します。

子ども同士の
信頼関係

一年の計は，学級開きにあり。学級生活のスタートにおいて，不可欠なものとは？→第2章

子どもたちのやる気を引き出すにはシンプルな原則があった。全員参加の授業を実現するポイントは？
→第4章

信頼に基づく
教師のLS

つながることが難しいといわれる思春期をどう理解し，どのように信頼関係を構築するのか？→第6章

一見複雑に見える学級集団づくり。しかし，そこにはとても明快な必勝パターンがあった。あなたはそれを知っているか？ そして，やっているか？→第7章

目次

第8章 ルールは学級集団づくりの"要"である

第9章 いじめを本気でなくしたいなら 今すぐやるべきこと

第10章 アクティブ・ラーニングは子どもたちを社会人に育てる授業のあり方である

あとがき

学級集団づくりとは、
何をすることなのか、
また、何を目指せばよいのか？
理想の学級とはどんな姿なのか？

SAIKONOGAKKYUZUKURI　SAIKONOGAKKYUZUKURI　SAIKONOGAKKYUZUKU

「よい集団」を育てる教師が
見据えていること

1 　理想の学級のゴールイメージとプロセスイメージ

　皆さんには，理想の学級がありますか。皆さんの理想の学級とは，どんな姿ですか。子どもたちがどんな表情をして，どんな行動をし，どんなことができる集団が，理想の学級ですか。

　世界的ベストセラー『7つの習慣』の著者，スティーブン・R．コヴィー氏は，「全てのものは二度つくられる」と述べています[*1]。私たちの身の回りにあるものは2つの創造を経て，実態となります。皆さんが使っている，ペン，ノート，パソコン，スマホ，身に着けている服，帽子，靴，そして，今座っている椅子，更には，今あなたがこれを読んでいる場所，つまり，その部屋，建物，全て一度人の頭で描かれてから，製造工程を経て，現実世界に生まれ出てきたものです。医療行為やスポーツ，そして，教育活動などの人の営みにおいても同様の構造があります。よい治療をする医者は，その治療後の患者，患部の様子，そして，治療行為のプロセスを頭に描いていることでしょう。また，よいプレーをするスポーツ選手は，やはり，優れたパフォーマンスのイメージがあるはずです。希に「体が勝手に動いた」というようなファインプレーもあるかもしれません。しかし，確率的には，イメージしたプレーを現実化しようとしているほうがはるかに高いことは言うまでも

ありません。

　したがって，よい授業をする教師は，そのよい授業を頭の中で一度，構想していると考えられます。合唱指導がうまい先生は，優れた合唱のイメージをもっています。作文指導，話し合いの指導，図工指導，全てです。優れた指導をする教師は，指導の結果，つまり，ゴールイメージが明確なのです。そして更に，

 そのゴールにたどり着くまでに，何をどれだけやればいいのかというイメージ，つまりプロセスイメージももっている

のです。

　学級集団づくりも同じです。まずは，どんなゴールを描くかが大事なのです。ゴールイメージをもたずに学級集団づくりを始めることは，目的地を決めずに旅に出るようなものです。数十人の子どもたちの人生の一部分を預かっておきながら，これほど無責任なことはないかもしれません。まあ，恐らくそんな教師はごく少数だと思います。多くの教師が，それなりにゴールイメージをもっていることでしょう。問題は，そのゴールの質です。

 ゴールイメージが，あなたの学級集団づくりの質に大きく影響する

のです。もし，大きなトラブルもなく，一年間が終わったとします。しかし，改めて振り返ってみると，自分の描いたゴールとは違っていたとします。それは，「順調に誤った場所に着いた」だけです。そもそもハシゴをかけた先が違っていたのです。「とんとん拍子に違ったところに登った」だけです。１時間の授業でさえ，そうしたことがよくあります。そうです，教育は思った通りにはならないからです。教師と子どもたち，また，子ども同士の相互作用によって成り立つ教育という営みは，けっして教師の思いだけで進めることはできません。予想不能なことが多々起こります。特に，１年から長い場合は３年程度に及ぶ学級集団づくりという営みは，余程，明確なゴールイメージをもたないとゴールにたどり着くことは難しいでしょう。

そんなことを考えながら，あなたのゴールイメージを確かめつつ，この先のエピソードをお読みください。

 ## "神" になりたい教師たち

　小学校教師として採用された頃，よく勤務校や周辺の学校の先輩方に食事に連れて行ってもらいました。いろんなことを話し，実に多くのことを学ばせていただきました。ご飯を食べながらの話題は，やはり，自分の学級の話になることが多くありました。うまくいったこと，そうではないことを話しました。うまくいかないことのほうが圧倒的に多かったこのときの私たちには，ある憧れの教師がいました。その方は，この地域の学校ではちょっとした有名人でした。とても指導力があり，スポーツ大会でも彼の指導した子どもたちは優秀な成績を収めます。学級経営もすばらしく，やんちゃ坊主たちやトラブルを起こしがちな高学年の女子たちも，彼の言うことには耳を傾けるという話でした。

　その方の口癖は，

> **俺は，教室の神になる**

でした。ご本人がどういう意図でそう言っていたか，詳細はわかりませんが，彼の強烈な指導力を表現するには実に適切な言葉でした。彼の周辺から聞こえてくる武勇伝や感動的なエピソードは，非力な私たちから見ると，まさに神と呼ぶにふさわしい話ばかりでした。彼は，私たちにとっては神のような指導力をもった教師だったことは間違いありません。

　こうやって書いてくると，その教師はとても傲慢で偉ぶった方のように思われるかもしれませんが，実際は，威張るという言葉とは対極にいる方でした。いつも笑顔で上機嫌，豪快な笑い声を発し，ユーモアにあふれ，一度会えば「あ，この人，好き」と思わせる魅力的な人でした。人を引きつけてやまない人でした。だから，多くの後輩が彼に憧れました。彼に憧れる私たち

も，正直に言えば，「神になりたい」と思っていました。

　先輩たちと話をしていると，結構，そうした「神」を志向した話題は多く出ました。「言うことを聞かない子に，こう言ってやった」「自分がこうしたら，子どもたちがこうなった」などの，子どもたちを「こちらの意図通りに動かした」ことを「価値あること」「自慢できること」として語り合っていました。子どもたちを思い通りに動かすことをよしとしていたと思います。

　間違いなく私たちは，「神になりたい教師」でした。

 3　"女王"の痛烈な一言

　それから数年後，教育サークルを立ち上げ，仲間たちと定期的に学ぶようになっていました。そこで，一人の女性教師と出会います。いつも黒のジャケットに，丈の長い黒のスカートという出で立ちで，自身の実践を客観的に語っていました。その実践の質はすこぶる高く，また，他者の実践に対しても実に的確な分析をしていました。その姿から，サークルのメンバーは畏れと尊敬を込めて「女王」と呼んでいました。

　サークル後の懇親会で，たまたま「女王」の隣に座り，私は自分の現在の学級の様子を朗々と語りました。まだ「神への志向」をしていた頃ですから，うまくいったこと，それも子どもたちが思い通りに動いていることを嬉しそうに語っていたと思います。少なくとも「女王」に，子どもを支配していることに喜びを感じているような印象を与えるには十分でした。「女王」は，飲み物をときどき口にしながら，無表情に私の話を聞いていました。私の話が一段落すると，テーブルにグラスを静かに置き，切れ長の目を私に向けてこう言いました。

　あんたさぁ，自分の担任した後のことを考えたことある？

　私は，意味がわからず，「え？」とつぶやきました。構わず「女王」は続けました。

> 子どもたちは，いずれ私たちの前から去っていくんだよ。あんたの学級経営は，あんたでないとやっていけない子どもたちにしているんだよ。子どもたちの幸せってさぁ，次の学級行っても，うまくやることなんじゃあないの。

よくショックを受けると「電気が走ったような……」とか「ハンマーで打たれたような……」というステレオタイプな表現でその衝撃を記述することがありますが，そんなものではなかったです。バンジージャンプのひもが長すぎてそのまま地面にぶつかった……と言ったほうがいいかもしれません。

私はそれまで，自分の担任後の子どもたちのことを考えたことはありませんでした。自分の担任期間が終われば，全てが終了するくらいに思っていました。しかし，考えてみれば「女王」の言う通りでした。子どもたちから見れば，担任なんてものは，人生の1年か2年という極めて限定された時間を一緒に過ごすだけで，子どもたちの学校生活や人生はそれからもずっと続きます。自分が担任した次の年に，「去年はよかった……」「先生（自分）がよかった……」と言われれば，悪い気はしませんが，果たしてそれでいいのでしょうか。そこそこ「いい学級」がつくれるようになったと思っていた私は，かつてほど「神への志向」を自覚することはなくなりつつも，自分の思い通りになる学級をつくって自己満足していただけだったのです。

 4 **学級担任の仕事**

子どもたちの幸せとは，少なくとも学校生活における幸せとは，何でしょうか。たとえ自分の目の前では楽しそうにやっていても，次年度以降に不適応を起こしていることが幸せでしょうか。担任や学級のメンバーが替わっても，その時その時出会う人とうまくやっていくことではないでしょうか。

 次の学級で，教師や仲間から愛され，自分の居場所を見いだし，教師や仲間を好きになってやりたいことがやれること

が，子どもたちの幸せなのではないかと考えるようになりました。つまり，学級担任の仕事とは，「誰が担任しても，どんな学級になっても，学校生活をうまく送っていける子どもたちを育てること」なのです。ただし，この言葉には少し説明が必要です。

　人間関係は，個別で固有のものですから，前担任の力で，それ以降のよい状態を保証するなんてことは，少々おこがましいことだと思います。次の担任との相性や力量，出会う子どもたちの個性の問題もありますから，当然，そうした要因の影響を受けるでしょう。前の学級でどんなに力をつけても，それ以降も必ずうまくやれるとは限らないのです。

　この問題をスポーツ選手の移籍に絡めて考えてみるとわかりやすいかもしれません。高い力量の選手ならば，他のチームに移籍してもある程度の活躍が期待できるでしょう。だからこそ，高額の年俸で優秀な選手を迎え入れるのです。一方で，一流の選手でも，監督と相性が悪かったり，メンバーとうまくいかなかったりすれば，力を発揮することはできません。しかし，力量の高い選手と低い選手を比較したら，やはり，前者のほうが様々な環境で成功する確率は高いわけです。

　これを子どもたちに置き換えれば，「どのチームでも活躍できる選手＝次の学級でもうまくやれる子」，「今のチームでしか活躍できない選手＝今の学級でしかやれない子」となります。ですから，学級担任の仕事は，他のチームでも活躍できる選手のような子どもたちを育てることなのです。自分がどんなに力をつけても，次の学級で，100％うまくいくことを保証することはできないでしょうが，うまくやれる確率を高めることはできるわけです。

　だから，どんなにその時の学級がうまくいったとしても，次の学級でうまくやれる可能性の低い子どもたちにしてしまっているとしたら，

> **それは集団づくりとして成功しているとは言えない**

のではないでしょうか。

5 リーダーシップの変換

　では，次の学級でもうまくやっていける子どもたちを育てるには，今の学級で何をしたらいいのでしょうか。結論は単純です。

 先生がいないとダメな生活から，先生がいなくてもやれる生活に変換

すればいいのです。どんなにまとまっていても，どんなにうまくいっていても，教師主導のシステムで学級が動いていれば，それはどこまでいっても教師主導の学級なのです。教師主導の学級を脱するためには，教師主導のリーダーシップを変換することが必要です。しかし，いきなり教師が指導をすることをやめては，学級が混乱します。だから，「徐々に手放す」のです。リーダーシップの変換のイメージを図1に示しました。

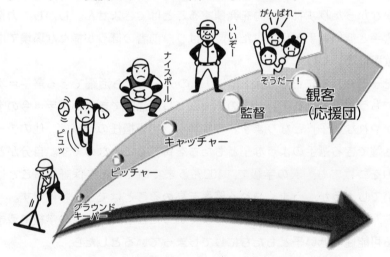

図1　教師のリーダーシップ変換のイメージ

　先ほど，スポーツの例を用いましたので，ここでもスポーツを例にして説明してみましょう。野球を例にとります。子どもたちはすばらしい力をもっています。しかし，それは組織化されていなかったり，集団としてのルール

がなかったりすることがあります。だから，最初はいろいろな投げかけが必要です。大切なことを教えたり，必要な体験を仕組んだりします。教師側から働きかけ，投げかけるという意味で「ピッチャー」のような役割です。

　次の段階は，「キャッチャー」です。教師が働きかけを続けると，それに応えて適切な行動をする子どもたちが出てきます。今度は，それを受けて，評価します。時にはほめて，時には喜びます。今度は子どもたちにボールを投げさせて，それを受け止めるのです。キャッチャーは，よいボールがきたら，「ナイスボール！」とほめます。少しストライクゾーンからはずれたら，「惜しい！　もうちょっと内側だ」と励ましたり，修正したりします。そうした意味でキャッチャーです。

　ある程度子どもたちが，捕球可能なボールを投げられるようになったら，今度は，子ども同士でボールを投げさせ，互いに受け止めさせます。教師は，監督としてそれを見守ります。時には必要な作戦を授けなくてはならないときもあるでしょう。しかし，基本的に，活動するのは子どもたちです。子どもたち同士の活動を見守り，評価し，時には必要な指導を入れる。この段階は監督です。

　そして最後は，子どもたちの様子を見守り，応援する側になります。子どもたちは，成功したり失敗したりします。成功すれば共に喜び，失敗すれば共に悔しがります。しかし，失敗の場合の改善策は，子どもたちが自分たちで考えます。こうして教師は，

 直接的影響者から間接的影響者にリーダーシップを変換させていく

のです。

　しかし，学級がどんなに育っても教師がやり続ける役割があります。それが，グラウンドキーパーです。子どもたちは，教室というグラウンドでプレーする選手たちです。どんなに一流の選手たちも，壊れた施設では思ったようなプレーができません。では，リーダーシップ行動におけるグラウンドキーパーの役目とは何でしょうか。

施設などの物理的な環境の整備も大事ですが，言語環境や，雰囲気などの目に見えない環境の整備をし続けます。また，教師自身も重要な環境であることを忘れてはなりません。教師自身の気分，表情，服装などが全て，子どもたちに強い影響を及ぼす要因であることを自覚しておくことは必要です。

・場所，物などの目に見える環境
・人間関係，雰囲気，言語，時間などの目に見えない環境
・気分，表情，服装などの教師自身のもつ環境

主にこの3つが，子どもたちの意欲を高めるように管理します。

 学級を自治的集団に

こうしたリーダーシップの変換により，子どもたちを導いていく集団のゴール像は，どのような姿になるのでしょうか。

それは，「自治的集団」と呼ばれる状態です。自治とは，一般的に「自分たちのことを自分たちで処理すること」などといわれます。では，この集団は何ができるのでしょうか。それは，「自らの手による問題解決」です。皆さんの学級では，学級の問題をどのように解決していますか。皆さんの学級が自治的集団か否かは，学級で起こった問題に対する解決能力をもっているかどうかに端的に表れます。

学級生活を改善するために様々なことに取り組んでいると思いますが，皆さんの理想の子どもたちは，どちらの姿ですか。

①　教師の力によって問題解決をする子どもたち
②　自分たちの力によって問題解決をする子どもたち

学級生活では，多かれ少なかれ何らかの問題が発生することでしょう。①では，それを教師が認知し，教師が解決策を考え，または，教師が音頭をとって解決策を決め，教師の指示でそれを実施します。指導力のある教師の教

室では，解決する可能性は高いです。②でも，問題の認知は教師かもしれません。子どもたちが育っている場合は，子どもたちも認知します。いずれにせよ，教師と子どもたちが問題を共有します。そして，解決策は基本的に子どもたちが考えます。そして，それを決めて実施するのも子どもたちです。教師は，子どもたちの取り組みを見守ります。

　皆さんが育てたいのは，どちらの子どもたちですか。恐らく読者の皆さんは，②を志向しているからこそ，今，本書を手にしているのではないでしょうか。

　①の学級では，子どもたちはどんなことを学ぶでしょうか。先程も述べたように，指導力のある教師の教室では，ほとんどの問題が解決することでしょう。次第に教室で問題らしい問題は起こらなくなるかもしれません。教室は一見とても平和です。しかし，見逃してはならないことは，それは教師の管理のもとの平和であるということです。教師との関係がよいときは安定しています。しかし，ひとたび，教師との関係が悪くなると，一気に崩れる可能性があります。教師の指導力が学級のルールになっているからです。そこには子どもたちが，自分たちで生活をつくったという実感や責任感が希薄だと言わざるを得ないのです。

　私たちの人生は困難の連続です。たくましく生きるには，次々と起こる問題に対して，正解ではなく，その状況で考え得る最適解を見つけ出して解決する能力が必要なのです。なぜなら次々と変化が起こる現代社会において，過去の正解は今の正解とは限らないからです。しかし，学級生活における問題を教師が先頭に立って解決していたら，子どもたちがその解決能力を身に付けることができません。問題が起こる，教師主導で解決する，このことを繰り返すことで，知らず知らずのうちに，自分たちの生活の問題を他者に預けるという無責任を学ぶのです。最も懸念されるのは，

> 受け身で消極的な生きる姿勢を学んでしまうこと

なのです。

問題解決能力を身に付けるには，問題解決を体験するしかないのです。自動車の運転は実際にやってみないと身に付かないのと同じです。学級が悪い状態になって一番困るのは子どもたちです。そして，学級がよい状態になって一番利益を受けるのは子どもたちです。ですから，学級の問題は，子どもたちの問題なのです。

　何かあるといつも教師が出てきて解決する学級や，教師の力で守られて問題が発生しない学級は，平和かもしれませんが，問題解決能力は育ちません。では，自治的集団は，どのような過程で問題を解決するでしょうか。本書でいう自治とは，図2で示すサイクルを自分たちで回すことにより自らの生活を維持，向上させることを指します。

図2　自治のサイクル

　自分たちやメンバーの問題を認識し，それを解決するための課題を設定します。そして，民主的な手続きを通してその解決策を検討し，そこで意思決定された解決策を遂行します。更に，遂行後，その結果を互いに評価し合いながら，更なる改善と向上を志向します。これが，自治集団です。

　ここで，問題と課題の違いについて触れておくことが必要でしょう。問題とは，あるべき姿，あってほしい姿と現実のギャップです。学力が低い，協力ができないなどです。その問題の根底には，もっと学力を高くしたい，協

力ができるようにしたいという願いがあります。それを放っておくとネガティブな状態が予想されることやポジティブな状態が期待できないことです。

　それに対し，課題はそのギャップを埋めるための方法です。上記の例で言えば，「どのようにすれば，学力を高くすることができるか」「どのようにすれば，協力できるようになるか」というのが課題になります。ですから，

> 課題の解決とは，ギャップを埋める方法を見つけることであり，問題
> の解決とは状況の改善のこと

をいいます。

　子ども集団がこのサイクルを回せるようになることが望ましいわけです。しかし，留意しなくてはならないことがあります。それは，現状において子どもたちは

> 自治に対してあまりにも準備不足

であることです。自分たちの問題を，教師や親に解決してもらうことに慣れすぎてしまっている場合があります。問題解決が自分たちに必要であること，そのやり方，その喜びなどが理解できる状況にないことが想定されます。だから，いきなり問題を子どもたちに預けて解決させようとすると，混乱や反発が生じることがあります。ですから，そこには，

> 段階的な教師の介入や指導が必要

なのです。したがって，教師の適切なかかわりを受けながら，自治を目指すことが必要です。それが本書でいうところの自治的集団です。

自治的集団育成の原則

　自治的集団づくりは新しい提案ではありません。

　実は，自治的集団の育成は，かねてから多くの教師が目指すところのものでした。学習場面で，子どもたちが教え合い学び合い，生活場面では，子どもたちが励まし合い助け合う，そんな場面が日本中の教室のあちこちに見られました。だからこそ，30人から40人という世界的に見ても大人数の学級サイズで，これだけ高い質の教育をし続けることができたのです。しかし，時代とともに個別の支援を要する子どもたちの増加や教師の社会的な立ち位置の変化により，教師が個別に対応することが増えてきました。また，そうした情報があふれるうちに，子どもたち同士をつなげ，子どもたちの相互作用によって教育効果を上げていくという視点が弱まってきたという時代的背景があります。

　しかし，それは子ども集団がダメになったのではなく，子ども集団がもっている力が開発されにくい状況になっただけです。子どもたちは，私たちがリーダーシップを変換し，機会や場を設けたら必ず育ちます。

　ただ，自治的集団の育成には明確なマニュアルがありません。これをこれだけやれば育つ，というものが見当たりません。しかし，具体例は豊富にあります。本章で紹介する書籍では，自治的集団づくりに積極的に取り組む実力派教師たちから，それぞれの自治的集団づくりの考え方と実践を縦横無尽に述べてもらいました[*2]。彼らの実践から，子どもたちのたくましい自ら動く力と躍動するエネルギーを感じとることができるでしょう。自治的集団を育てるマニュアルはないと言いましたが，指導の原則はあります。それは，

 腹をくくって任せる。

　その一言に尽きます。さあ，自治的集団の育成を今から始めましょう。

✓ 学級を最高のチームにするチャレンジ

✓ 目指す学級のゴールイメージはありますか。

　これから始まる10のチャレンジの前に，あなたの学級の目指す姿をありありとイメージしてみてください。

　子どもたちと別れの日を迎えました。

　今日までいろいろなことがありました。嬉しいことも，楽しいことも，腹の立つことも，残念なことも様々ありました。

　それも，今日が最後です。

　その日は，どんな天気ですか。暖かいですか。肌寒いですか。

　子どもたちの待つ教室に入りました。

　あなたの学級は，どんな姿になっていますか。

　どんなことができるようになっていますか。

　どんな雰囲気ですか。

　一人ひとりは，どんな表情をしていますか。

　そして，あなたにどんな声をかけていますか。

　イメージできましたか。

　それでは，最初のチャレンジを始めます。

☑ 学級を最高のチームにするチャレンジ

　あなたのクラスを自治的集団にするための第一歩を踏み出してみましょう。自治的集団を育てる原理は，「任せる見守る」ことですが，その成り立ちの原理は更にシンプルです。「教師が決めたら子どもたちは決めない，教師がやったら子どもたちはやらない」それだけです。子どもたちによる問題解決をやってみましょう。

☑ ①　学級で解決してみたい問題はありませんか。

　何かイベント活動をしたいとか，挨拶をもっと活発にしたいとか，学級の雰囲気をよくしたいとか。ただ，結末が，特定の個人を責めるようなものになる場合は避けたほうがいいです。例えば，清掃をきちんとやらない人がいるとか忘れ物が多い，などです。子どもたちから出ることが望ましいですが，出ない場合は教師から提案してみましょう。

☑ ②　課題を設定しましょう。

　「みんなが楽しめるお楽しみ会にするためには何をしたらいいだろうか」「もっと挨拶が増えるためには何をしたらいいだろうか」「学級の雰囲気をよくするためには何をしたらいいだろうか」などと問題から課題を設定してみましょう。

☑ ③　課題を子どもたちに投げかけて，解決策を集めてみましょう。

　輪番や列指名などで全員が発言できるようにしてみましょう。また，学級の人数が多い場合は，小グループによる話し合いを取り入れて，やはり全員が発言するようにしてみましょう。この場合は，グループで解決策を集め，グループで代表意見をしぼります。そして，代表意見を全体に挙げるようにします。

☑ ④　解決策が集まったら，そこからよりよい意見を選択するために各意見に対する賛成や心配なところを言ってもらいましょう。

　全ての意見は，子どもたちの人格そのものであることを伝え，大事に扱うようにしましょう。可能な限り全ての意見に対して，賛成や心配なところが指摘されることが望ましいです。ここで大事なことは，子どもたちの意見の導き方です。子どもたちには，意見をしぼる段階になると，どの意見が最も優れているかという競争を思考する場合があります。そうではなく，目的を達成するために最も適したものを協力して選ぶように促します。

☑ ⑤　賛成意見や心配なことを指摘したら，取り組んでみたい解決策を決めましょう。

　解決策をしぼれない場合は多数決をとります。過半数を超えたものを解決策として，学級で取り組むことにします。

☑ ⑥　子どもたちが解決策に向かって動き出したら，それをじっと見守りましょう。

　そう，「腹をくくって任せる」のです。教師は見守りながら，肯定的なフィードバックをします。やったことではなく，やろうとしたことに喜びを伝えてください。また，できたかどうかではなく，やっていること，努力していることに喜びを伝えてください。解決に向かって子ども同士で力を合わせていたら，更に喜びを伝えてください。解決できなくても，できたところまでを指摘して，喜びを伝えてください。「ありがとう」「嬉しい」が，フィードバックの時には，力を発揮します。

書籍紹介 ★★★★★

『自ら向上する子どもを育てる学級づくり 成功する自治的集団へのアプローチ』

多くの教師たちが憧れ，目指してきた自治的集団。しかし，その指導のプロセスはあまり開示されていない。教師がいつまでも仕切っていたら子どもたちは動き出さない。かといって，何もしなかったら，やはり，動き出さない。自治的集団育成のポイントは，指導すべきは指導し，然るべき時に委任できるかどうかにかかっている。本書は，その指導から委任へのプロセスを具体例で示した。

クラス会議，カフェ型クラス会議，毎日短時間のクラス会議，自由討論，学び合い，生徒主体の授業改善活動，学級文集づくり，子どもたちがつくる運動会，学級づくりとしての修学旅行の班づくり，高等学校における合唱コンクール指導，そして，自治的活動の評価方法と，学級集団づくり，行事，教科指導，評価を実に幅広い視点から述べ，自治的集団づくりの可能性を示している。約200頁にギッシリと希有な実践がつまった重厚な一冊。

近藤佳織，宇野弘恵，松下　崇，久下　亘，堀内拓志，畠山明大，南惠介，大島崇行，髙橋淳一，海見　純，土屋雅朗，柴﨑　明，岡田広示ら，それぞれが勤める小学校，中学校，高等学校で自治的集団を育て上げている教師たちが，他の書籍ではお目にかかれない実践を寄せている。

＊1　スティーブン・R．コヴィー著，ジェームス・スキナー，川西茂訳『7つの習慣　成功には原則があった！　個人，家庭，会社，人生のすべて』キングベアー出版，1996

＊2　赤坂真二編著『自ら向上する子どもを育てる学級づくり　成功する自治的集団へのアプローチ』明治図書，2015

第2章

PERFECT GUIDE

一年の計は、学級開きにあり。
学級生活のスタートにおいて、
不可欠なものとは？

力のある教師が知っている
初日を創るコツ

一年の計は学級開きにあり

　こんなことを冒頭に言うと，学級開きが怖くなるかもしれませんね。ご安心ください，学級開きがダメなら一年がダメなどと言うつもりはありません。元旦の過ごし方がよくなくても，それからの日々が充実していれば，よい一年になるのではないでしょうか。しかし，学級開きはロケットの打ち上げ角度のようなものです。たとえ後で修正がきくものだとしても，適切な方向で打ち上げるに越したことはないわけです。何よりも，学級開きに込められたメッセージは，特別な日の特別なものではなく，日々，大事にしたいことを象徴しているものなのです。

 教育実習の栄光

　実は，私，教育実習で「伝説の実習生」と呼ばれました。これは実習校の指導教員だった先生から直接お聞きしたので，事実のようです。当時，私の子どもたちへの挨拶がとても印象的だったと職員室で話題となるとともに，それからも数年の間，実習生を迎える時期になるとそのエピソードが実習生に語られたそうです。

　私は何をしたのでしょうか。

　もう，30年近く前の話になります。少し昔話にお付き合いください。

　大学３年次の小学校における教育実習で，私は教育実習生の代表に選ばれました。実習校は，出身大学の附属小学校でした。実習校が決まると，配属予定の実習生は，強いプレッシャーに包まれました。附属小は県内の折り紙付きの指導力をもった先生方が集められていたとのことでした。実習指導の厳しさは，「他校とは比べものにならない」との評判でした。しかし，それよりも私たちを恐れさせたのは，子どもたちでした。各地の附属学校は，今もそうだと思いますが，毎年何人もの実習生を迎えています。

子どもたちは，一般の学校と違って，「若い」というだけで肯定的な評価をしてくれるわけではありません。非常に厳しく実習生を見ているという噂でした。本当かどうかは別として，つまらない授業をする実習生は「相手にされない」との話も耳にしました。

　その目の肥えた子どもたちや先生方を前にして，代表の私は，初日に挨拶をしなくてはなりません。実習が近づくと，頭は初日の挨拶のことで一杯でした。緊張がピークに達した私は，もう，万策尽きた感がありました。

　頭の中は，

「ぼくたちは，先生の卵です。これから２週間，みんなと仲よく……」といった，陳腐で無難な社交辞令とも呼べる言葉で埋め尽くされていました。

「こんな，教師の卵風情に，気の利いた挨拶なんて期待するな！」と怒りに似た感情が湧いてきたその時です。

「教師の卵！　これだ！」と脳天に稲妻が落ちたように閃きました。私は，夜中に冷蔵庫に向かって走り，そして，生卵を一つ取り出しました。フォークでその先端をコンコンと突き，小さな穴を空けました。その穴にストローを突き刺し，中身を吸い出しました。中身が空になった卵が割れないように，小さな箱にしまって鞄に入れました。

　次の日，私たちは実習校の体育館で，先生方と子どもたちに対面しました。目の前には，500人近くの子どもたちと厳しい表情の先生方が並び，私の後ろには50人近くの実習生がいました。私は震える指でマイクのスイッチを入れてこう言いました。詳しい内容は忘れましたが，大筋で次のようなことを言いました。

皆さん，これから2週間よろしくお願いします。みんなと遊び，授業しながら，先生になるための勉強をしたいと思います。私たちは，先生の卵です。実習が終わる頃には，立派な翼が生えるようにがんばります。

と言って，ブレザーのポケットに仕込んでおいた，中身の空になった卵を出しました。割れていなかったことにほっとしましたが，体育館中から，「おお〜」というどよめきや笑いが起こりました。それから数日間，配属学級の子どもたちは勿論，廊下では，他の学級の子どもたちからも「卵さん」とか「卵先生」と声をかけられました。「とてもよい挨拶だった」との職員室での評判は，指導教員からすぐに伝えられました。

　しかし，私の幸福感は，そう長くは続きませんでした。更なる試練が，2週間後に訪れたのです。初日にあれだけの高評価を得てしまいました。最終日には，子どもたちや先生方の期待は高まっていました。前日に，先生方からは「明日，何するの？」「楽しみにしているよ」と声をかけられ，実習生仲間からは「頼むぜ」と余計なプレッシャーをかけられました。

　前日までは授業で一杯一杯でしたが，最後の授業が終わると，もう頭の中は最終日の挨拶のことで埋め尽くされました。そして，必死に初日の挨拶を思い出しては，「何であんなことしたんだろう……」と，初日の自分を恨めしく思ったのでした。その時の挨拶を何度もつぶやいては，「どうしよう」とため息をつきました。

　「卵……2週間後……孵る，ひよこ……ひよこねぇ……。こ，これだ！」
　すぐに部屋にあったマジックペンと画用紙とはさみを取り出しました。
　次の日，初日と同じような状態で子どもたちの前に立ちました。しかし，2週間前とは明らかに「空気」が違っていました。子どもたちと実習生の関係ができているからです。多くの子どもたちが私たち実習生を見つめていました。先生方もそうです。初日の厳しい表情から，教え子を見るようなあたたかい眼差しに変わっていました。
　それでも幾ばくかの緊張感を纏いながら話し出しました。

皆さん，２週間，本当にありがとうございました。皆さんとの２週間は忘れられないものになりました。前，私たちがここに立った時は，私たちは卵でした。しかし，今日，その卵を見たら，こんなふうになっていました。

　そこまで言うと，ごそごそとポケットから卵の殻を出しました。やはり，前日の夜中に，中身を吸い出したものですが，今度は，半分くらい欠けさせておきました。それに気づくと，子どもたちも先生方も更に笑顔になりました。

　その笑顔を見ながら，私は，子どもたちに向かって言いました。

「見てください！」

　上着を脱ぐと，背中を向けました。朝，実習生の控え室で仲間に背中に貼り付けてもらった，画用紙に描いた翼を見せたのです。会場から歓声と拍手が湧き起こりました。私のあだ名は，「卵先生」から「ひよこ先生」になりました。そして，伝説の実習生となったのです。

 3　新採用の挫折

　私が，苦し紛れでやったことは，「ショー＆テル」と呼ばれる，見せて話すプレゼンテーションの基礎技能だったわけです。今となっては当たり前の教育技術ですが，当時はそういうことをする人はまだ珍しかったようです。私は，ここである認識を得ます。

 出会いには，笑いとインパクトが大事。

　実は，この成功体験によって得た認識が後々の私を苦しめます。

　この２年後に採用され，初めて自分が担任する子どもたちに出会いました。新任式の日に，少しでも対面の時を印象的なものにしようと，目一杯準備し

て教室に入りました。そう，「夢よ，もう一度」です。テンション高く教室に入り，自分の名前を力強く黒板に書き，ギターをかき鳴らし出会いの歌を歌い，ハンドスプリングという体操の技まで披露しました。子どもたちは笑顔を向けたり，拍手をしてくれたと思っています。その日の評判は上々で，4月後半から行われた家庭訪問では，「始業式の日は，『楽しそうな先生だ』と喜んで帰ってきた」と多くの家庭で言われました。ガッツポーズをして帰ってきた子もいたそうです。

　しかし，私の学級の雰囲気が停滞するまでには，そう時間はかかりませんでした。授業でも，喜びそうなネタを用意した日は，子どもたちはそれなりに喜びましたが，教科書を用いた「通常の授業」をすると，途端につまらなそうにしました。そんな様子を見て，気合いを入れたり，注意したりすることが多くなっていきました。そうこうしているうちに授業がうまくいかなくなり，子ども同士のトラブルも増えていきました。ある日の理科の授業で，一人の男子児童が，ノートを開かず手いたずらを繰り返していたので，

　「勉強したくないの？」

と聞くと，その子はキッと私のほうを睨みつけ，

　「したくねえ‼」

と，キッパリと言いました。初めて子どもに反抗された瞬間でした。

　一体，何がいけなかったのでしょうか。

 4　出会いの日に必要なもの

　学級がうまくいかなくなったのは，もちろん，出会いの日だけに理由があるとは思えません。その後の小さなことのズレが大きな歪みになったのだろうと思われます。しかし，出会いの日からそれが始まっていたことは間違いありません。

　私は，優先順位を間違っていました。次の図1をご覧ください。これは教師の指導性と子どもの自由度を観点とした，学級の成長段階です*1。

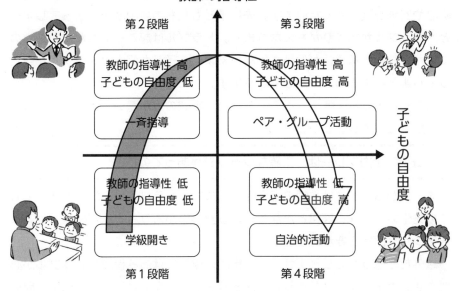

図1　学級の成長段階

　縦軸は教師の指導性です。直接的な影響力と捉えてもいいです。また，横軸は子どもの自由度です。子どもたちの主体性と捉えてもいいです。第1段階の学級は，教師が指導力を十分に発揮していない状態，または発揮できない状態です。子どもたちも互いに知らない状態だったり，教師がどのような指導をするのかがわからない状態だったりするので，自由に振る舞えない状態です。

　したがって，この段階は，教師の指導性も低く，子どもたちの自由度も低い段階で，緊張感が高い状態だと想定されます。もちろん，持ち上がりによって教師も子どもたちもメンバーが替わらずにスタートする場合もあります。その場合を含みません。あくまでも，新しい教師と子ども集団が出会った場合や，新しい教師とクラス替え後の子どもたちが出会った場合です。

　第1段階から抜け出すためには，教師の指導性を上げていくことが必要です。つまり，信頼感を獲得しながら影響力を高めていきます。第1章で述べ

たピッチャー型のリーダシップです。教師の指導性を上げるのは，学級内の安心や安全を確保するためです。先に子どもたちの自由度が上がってしまうと，トラブルが起こりがちになります。トラブルは起こってもかまわないのですが，教師の指導性が保証されないままに，子ども同士のトラブルが起こってしまうと歯止めがきかなくなります。

　スポーツの試合を考えてみてください。審判の力が弱い状態で，正常な試合が成り立つでしょうか。

 選手の全力プレーは，正確なジャッジがあってのこと

です。だから，まずは教師の指導性を高めて，トラブルや心配事があってもこの先生のもとならば何とかなるという安心感があり，安全が保障される状態をつくり出す必要があります。

　意外だと思うかもしれませんが，集団の成長にはある程度のトラブルが必要です。第1章で述べたように，問題解決能力を身に付けるためには，問題解決の体験が必要です。そのためには問題が必要なのです。トラブルがそのまま問題を意味しませんが，トラブルは，またとない学びのチャンスです。しかし，いきなり子どもたちにトラブルを解決させるのは危険が伴います。

 子どもたちが自らの手で葛藤状況を乗り越えるためには，その前段階で，教師のお膳立てでトラブルを解決するという体験が必要

なのです。その時に，指導性の低い教師は，子ども同士のトラブルの仲裁や調停ができないのです。指導力のある審判がいるから試合が正常に進行するように，子どもたちが適切な方法と方向性でトラブルを解決するためには，教師の高い指導性が必要なのです。

　それでは，第1段階を抜け出すために必要な教師の指導性を上げるために，教師は何をしたらよいのでしょうか。それを明らかにすることで，出会いの日に必要なことが見えてくるでしょう。

　実は，図1にそのヒントを見ることができます。

5 出会いにおける教師のリーダーシップ

　学級集団がまとまるためには，子ども同士のかかわりが必要です。子ども同士がかかわるために必要なのは，教師の高い指導性だと述べました。教師の高い指導性によって何を生み出したらいいのでしょうか。それは

> 安心感

です。子どもたちは，安心感が確保できたときに，子どもたち同士でかかわることができます。「いや，子どもたちは自分たちでかかわっていますよ」と言いたくなるでしょうが，よく見てみてください。子どもたちがかかわっているのは，私的な仲良しグループにおいてのことではありませんか。言い換えれば，気の合う仲間です。気の合う仲間は，努力しなくてもつながれるものです。しかし，

> 学級がまとまるためには，気の合う人以外の人たちとつながることが必要

なのです。これは，子どもたちにとってチャレンジです。チャレンジする時には精神的な負荷がかかります。その負荷を乗り越えるには，エネルギーが必要です。そのエネルギーを与えるものが，安心感なのです。
　では，教師の指導性を支えるものは何なのでしょうか。指導性が高いとは，影響力のある状態のことです。影響力があるということは，つまり，言っていることが伝わるということです。言葉が入ると言ってもいいかもしれません。言葉を入れることができる人とはどんな人なのでしょうか。それは，勿論

> 信頼できる人

でしょう。
　信頼できる人と，信頼できない人を一人ずつ思い浮かべてみてください。

両者が同じことを言ったとします。前者の言葉のほうが，すんなり入ってくるのではありませんか。この，信頼できる人をもっとわかりやすく言えば「好きな人」です。好きな人の言葉が入りやすいということに余計な説明はいらないでしょう。

　では，子どもたちはというよりも，私たちはどんな人を信頼し，どんな人を好きになるのでしょうか。信頼するということや好きになるということは，相手の存在にかかわるということです。相手の存在にかかわることもチャレンジです。そう，人を信頼したり，好きになったりする時にも，やはり，安心感が必要なのです。つまり，私たちは，

> **安心できる人を信頼し，好きになる**

のです。もちろんこれが全てだとは言いませんが，欠かせない要件だと言えるでしょう。

> **安心感が，学級を次のステージに進めるエネルギー**

になっているのです。図１では，安心感の高まりが，より高次の段階になっています。第１段階を抜け出すために必要なのは，まずは，教師そのものへの安心感を高めることです。出会いの日に必要なリーダーシップは，子どもたちを安心させること，そして，教師自身が安心できる存在であることを忘れてはなりません。

6 「面白い＝安心感」の勘違いに陥ることなかれ

　若き日の私は，そのことが全くわかっていなかったのです。面白いことをやれば子どもたちにウケると思っていました。ウケることをやれば子どもたちに支持されると思っていたのです。つまり，人気者になれば指導力が高まると思っていたのです。そして，それがよい教師になる最善の方法だと思っていました。

ネタを持っていること，面白いことができること，パフォーマンスができることは，大事です。ネタはないよりあったほうがいい，面白いことができないよりできたほうがいいのです。しかし，それは，

子どもたちの信頼を獲得する道具

なのです。それをすることを目的にしてしまうと，若き日の私が陥った罠にはまることになります。新採用の私の学級開きは，自分の持ちネタ披露会でした。つまり，子どもたちの前で，三流の芸人をやっていたのです。大して質の高くない芸を次々と披露して，子どもたちに

「オモシロイ人だ，次は何をやってくれるのだろう」
と期待させました。これには，ある程度成功しました。しかし，そのネタはいつまでも続きません。それにネタばかりやっているわけにはいきません。むしろネタ以外のことをたくさんやらなくてはなりませんでした。子どもたちは，3日もしないうちにすぐに気づいたでしょう。

「初日ほど，オモシロクナイ……」
　テストでいい点数を取ったらゲームを買ってあげるようなほめ方は，すぐに破綻をきたします。より高度なご褒美を要求するようになり，ご褒美がない，期待したほどではないとわかるやいなや勉強しなくなります。教育者としては破壊的とも言える構造を，学級経営に持ち込んでしまったのです。

学級開きではずしてはいけないツボは，安心感をもたせること

です。ネタなどは，控えめでいいのです。それらは，ちょっと学級の空気をあたためる程度でいいのです。最優先事項は，

教師自身が安心できる存在であることを示すこと

です。ネタ，パフォーマンス，笑い，子どもたちを引きつけるグッズなどはそのための道具です。さあ，本書の実践例を参考にして，安心感に満ちた学級開きを演出してみてください*2。

☑ 学級を最高のチームにするチャレンジ

　子どもたち一人ひとりに安心感をもたせる学級開きを構想してみましょう。自分の用意したプログラムを，安心感というキーワードで総点検してみてください。例えば，以下は，私がよく実践する典型的な学級開きのパターンです。安心感を感じさせるポイントはどこでしょうか。この通り実践しようなんて思わないでくださいね。あくまでも考えていただくための材料です。

☑ ①　自己紹介

　こんなことを語ります。

　「皆さん初めまして。

　この度この○年○組を担任することになりました赤坂真二です。得意なことは，マンガを読むことと描くことです。それからもう一つあります。大好きなものはプリンです。三度の食事よりも好きです。嫌いなもの……いや，大嫌いなものはインゲンです。給食当番さんはどうかこのことをよく覚えておいてください。お椀の中にインゲンを見つけると，先生の顔がインゲンより青くなるかもしれません。

　今日は皆さんと出会いの日ですから，先生のとっておきの秘密を知らせます。これは，みんなと先生だけの秘密にしてください。先生の名前は何でしたっけ？　そう，あかさかしんじ。実は，これは，本当の名前ではありません……（子どもたちは「ええ？」と驚く）」

　子どもたちが身を乗り出してきたところで，おもむろにチョークを持って次のような「折り句」を書きます。

あ	かるくて
か	わいくて
さ	わやかで
か	っこいい

　書けたところで，「もう，覚えたよね」と言って，次に，部分的に消しな
がらその都度，読ませます。全部消した時に読めると，笑いが起こります。
教師のパワーにものをいわせるような見世物や出し物的な自己紹介ではなく，
明るく自己開示します。

☑ ②　くす箱

　次に，くす箱を割ります。

　「今日は，みんなとの出会いの記念日ですから，くす玉ならぬくす箱を作
ってきました。中に，先生がみんなに一番伝えたい気持ちが書いてあります。
さあ，開けましょう。声を揃えて，カウントダウンお願いします。3から始
めるよ。せ〜の！」

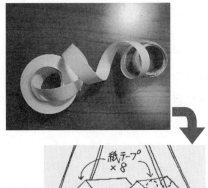
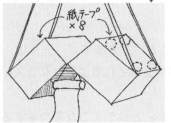

図2　くす箱のイラストと写真

くす箱が割れると紙テープや紙吹雪とともにメッセージが出てきます。特に紙テープは，「滝のように」流れ出てきますから，子どもたちは大喜びです。垂れ幕の言葉は何でもいいと思います。皆さんが一番伝えたいことでいいと思います。紙テープは芯を外して，セロテープなどで箱の側面に貼り付けます（イラスト参照）。箱が開くと，滝のように紙テープがほぐれながら落ちてくるしかけです。ほとんどの場合，歓声が上がります。

☑ ③　願いを語る

　くす箱を割って，楽しい雰囲気になったら，担任としての願いを語ります。しかし，初日に難しい話はしません。子どもたちも緊張していることでしょう。「あれをしてはいけない」「こうすべき」という話は，また，後日でいいのではないでしょうか。この日は希望がもてるような願いを伝える程度にしておきます。

　「さて，一年間これからみんなで付き合っていくわけですが，人と人とが付き合う上で一番大切なことは何でしょう」

　子どもたちは「優しさ」「思いやり」「助け合い」「いじめないこと」などと答えるでしょう。

　「先生が大事にしているのは，尊敬の心です。相手を大事にする心と言ってもいいでしょう。お互いを大事にできるクラスになるといいなと思っています。しかし，思っているだけでは相手にはその気持ちは伝わらないかもしれませんね。尊敬の心を示すにはどうしたらいいのでしょう」

　「……」

　答えられない子も多いことでしょう。

　「いろいろなことで尊敬の心を示すことはできますが，先生は，挨拶をすることだと思っています。いつも挨拶が交わされるようなクラスになるといいですね」

　子どもたちは「なんだ，そんなことか」というような表情をすることでしょう。

「それでは，挨拶をみんなでしてみたいと思いますが，ちょっと楽しく，挨拶のゲームをしましょう」

✓④　アイスブレイク

「でも，その前に，せっかくだから先生と心を合わせてみませんか」などと言って活動を促します。最もよく実施したのは，「合わせ拍手」（図3）です。

【やり方】

(1)　教師の掌と掌が合わさった時，子どもが「パチン」と手をたたきます。

(2)　最初は，ゆっくりとやります。

(3)　子どもがやり方をわかってきたら，テンポを上げていきます。

(4)　ときどき，掌を合わせる寸前で止めます。

(5)　掌を合わせたり，合わせなかったりをランダムに繰り返します。

図3　合わせ拍手

「先生とみんなの心，ぴったり合っているね。嬉しいね」などと言いながら，「今度は，みんなで挨拶をしてみよう。ちょっと変わった挨拶だよ」などと言って始めます。「アウチでよろしく」（図4）です*³。

【やり方】

(1) 相手を見つけて，人差し指と人差し指を合わせ，「アウチ！」と元気よく言います。

(2) 相手を見つけて拳と拳を軽く合わせて「よろしグー！」と元気よく言います。

(3) 掌と掌を合わせて，「ハーイ！」と言いながら，「ハイタッチ」をします。片手でも両手でもどちらでも可です。

(4) (1)を5人の人としたら腰を下ろします。全員が終わったら，(2)をします。(3)も同様にやります。

図4　アウチでよろしく

「みんなと出会えてよかったよ。すてきな一年になりそうですね」などと言って，子どもたちと笑い合って活動を終えます。

さて，ここで改めて問います。以上の活動で安心感を与えるポイントはどこでしょう。

　かいつまんで解説します。☑①の自己紹介のキーワードは，「親しみやすさ」「自己開示」「双方向性」です。全員とは言いませんが，多くの子どもたちは教師とつながりたいと思っています。親しみやすい話題と話し方で，一人ひとりに「あなたとつながりたい」というメッセージを送ります。また，教師の自己開示は，子どもたちの心を開きます。

　しかし，ここで過剰な自己開示は禁物です。子どもたちも同様の話題を口にしたくなる程度のものでいいのです。また，折り句は，子どもたちと楽しくやりとりしながら，最後は，達成感を感じさせる構造です。「そうそう」「惜しい」「さすがだねえ」などとポジティブな言葉をたくさんかけてあげることで気持ちを盛り上げます。また，声を揃える活動が，共同作業になっていて，一体感の演出にもなっています。

　☑②のくす箱は，担任の「おもてなしの心」です。担任が自分たちとの出会いを楽しみにして，こんな準備をしていたということを示すことが大事です。子どもたちへの関心を示すことがねらいです。子どもたちは，自分に関心を向ける人とつながろうとします。

　☑③の願いを語ることは，これから始まる未知の時間に目標やある程度の枠をもたせます。担任の自己紹介と楽しい活動だけでも十分な場合もありますが，そこにリーダーの願いを少し示すことで，これから訪れる未知の時間の姿を垣間見ることができるでしょう。人はわからないことに不安を感じます。だから，簡単でいいから，これから始まる時間のイメージを伝えます。私は，一人ひとりを大事にしたいというメッセージを込めたつもりです。

　最後の☑④アイスブレイクは，対人不安を軽減するために行います。子どもたちが不安に感じるのは担任に対してだけでなく，クラスメイトに対しても感じています。だから，簡単なゲームで，不安の軽減を図ります。したがって，いきなり子ども同士の交流はさせないほうがいいと思います。どん

な実態かわからないところで，交流することは危険がないわけではありません。だから，まずは，教師を相手にしたゲームで様子を見ます。大丈夫そうな実態だったら，簡単な交流をしかけます。しかし，いきなり身体接触をすることも抵抗を感じる子がいます。だから，例に示したような，最低限度の身体接触にしておきます。

　これらは，安心感をもたせることが目的ですから，不安感を与える可能性がある場合は，やめたほうがいいのです。

『一人残らず笑顔にする学級開き　小学校～中学校の完全シナリオ』

　小中学校の16人の実践家が，自身の学級生活のスタートの日のシナリオを再現した。学級経営を大事にする実践家は，出会いの初日に何を子どもたちに伝えているのだろうか。

　執筆者たちは，前もって打ち合わせをしたわけではない。しかし，大事にしたいことが共通していることが読み取れる。その記述は臨場感にあふれる。ある者は，あたたかな笑顔で，ある者は，ほんの短い時間で見つけた子どもたちのよさを伝えることで，またある者は，丁寧な事前指導で迫る。緊張感の漂う教室において，極めて限られた時間の中で，安心感が徐々に生まれていくその過程がありありと思い浮かぶことだろう。

　近藤佳織，宇野弘恵，髙橋健一，林紀予子，南　惠介，岡田広示，阿部琢郎，堀内拓志，松尾英明，松下　崇，大島崇行，畠山明大，久下亘，海見　純，岡田敏哉，井口真紀ら，穏やかな学級や荒れた学級など，いろいろな学級集団の経営を成功させてきた教師たちが，学級開きをシナリオ形式で直ぐに追実践可能な状態で紹介している。

＊1　図1は，赤坂真二『スペシャリスト直伝！　学級を最高のチームにする極意』明治図書，2013をもとに筆者が改作。

＊2　赤坂真二編著『一人残らず笑顔にする学級開き　小学校～中学校の完全シナリオ』明治図書，2015

＊3　國分康孝監修，國分久子ほか編『エンカウンターで学級が変わる　ショートエクササイズ集』図書文化社，1999

第3章

PERFECT GUIDE

まとまりのあるクラスは、
やる気を引き出す目標をもっている。
クラスのまとまりを生み出す
学級目標の設定とは？

SAIKONOGAKKYUZUKURI　SAIKONOGAKKYUZUKURI　SAIKONOGAKKYUZUKU

"伸びる集団" は
目標を共有している

その場しのぎか，成長戦略か？

皆さん，ちょっと本音で答えていただけますか？

> **学級目標は必要ですか？**

　いかがですか。まず，学級目標とは一体何なのでしょうか，そもそも必要なのでしょうか。

　私は，小学校の教師になった1989年から毎年のように学級目標をつくってきました。学級目標をつくることが当たり前だと思っていました。教師になって着任すると，すぐに学年主任から，「学級目標を決めないとね」と言われました。子どもの頃の教室にはそれがあったので，そうすることが当たり前だと思っていました。だから，よくわからないなりに先輩方から学級目標のつくり方を聞き，設定してきました。多くの新採用の教師は，このようにして学級目標と出会うのではないでしょうか。

　必要だからつくるのではなく，何となくつくっている。

　学級経営を勉強し出すと，学級目標のつくり方にもいろいろあることがわかってきました。先生が決めるという意見もあれば，子どもたちと話し合って決めるという意見もありました。そこに保護者の意見も入れるという決め方も知りました。数としては，後者の子どもたちと話し合って決める学級が多いと感じました。そして，つくり方だけでなく，つくる時期にもいろいろな考え方があることがわかりました。また，運用の仕方にもいくつかの考え方があることもわかりました。

　「学級開きから１週間以内につくるべし」という話も聞きました。学級が始まって時間が経つと，人間関係が固定してきたり，学級の現実が見えたりして，ある種のあきらめが発生することがある，だから，子どもたちが学級への希望や瑞々しい期待をもっているうちに決めるというのがその理由でし

た。また，一方で，学級生活が始まって早々の状態では，子どもたちと理想の学級について話し合っても建前しか出てこないから，学級開きから1，2か月経ってから決めたほうがいいという話も聞きました。どちらも一理あり，どちらも実践したことがあります。

　学級目標の捉え方も様々あり，学級目標は，理想だから決めたらそこに向かって最後まで目指し続けるという実践もあれば，学期毎に評価して，少しずつバージョンアップさせるという実践もありました。実践してみましたが，それぞれによさがありました。

　時には，最初の授業参観が4月下旬に設定されていて，その時までに学級目標を設定せよという「お達し」が出ていた学校もありました。それはそれなりにその学校の戦略があったのです。4月の授業参観が，保護者との最初の出会いの場です。その時に，子どもたちの生活の場たる学級が，きちんと機能している印象を保護者にもたせたいとの思惑です。安定した学級生活の象徴としての学級目標だったのでしょう。これをその場しのぎの場当たり的な対応ととるか，練られた学校経営戦略だと捉えるかは，判断が分かれそうですが，学級目標というものの存在意義の一面を示しているエピソードだと思います。

2　学級目標は要らない？

　迷わず学級目標をつくってきた私が最も混乱したのは，「学級目標不要論」が主張され，そうした実践が出てきた時です。ちょうど，学級崩壊という言葉がマスコミを通じて世間に広まってきた1990年代の後半のことです。教育界は世の中の個性尊重の気運に押され，子どもたち一人ひとりの個を大事にしようということが強く主張され始めた頃でした。これまで教育界が経験したことのない「荒れ」である学級崩壊と個性尊重の気運は，互いを育て合うように教育界を席巻していきました。学級崩壊という現象を心配する一方で，「学級などというものがあるから崩壊するんだ，だったら，学級そのものを

解体してしまったらいい」というような主張まで聞こえていた頃でした。

　この時期は，小学校における学級の「常識」に対していろいろな変化が起こっている時でもありました。リーダーを決める時に投票という手段が採られていましたが，ジャンケンで決めるという実践が脚光を浴びました。投票は，一見，民主的ではありますが，実質は人気投票になっていて，民主的な決定になっていないとの理由でした。実際，この実践には，やる気はあるのに学級での支持が少なく，リーダーになりたくてもなれない子どもたちが，運さえよければリーダーになれるというよさがありました。

　同時に，小学校では，各学級におかれていた学級委員や児童会長などのポストがなくなっていきました。特別活動の時数削減で，児童会活動が縮小され，また，そうした目立つことをやろうとする子どもたちが減っていたこともあり，実質的に子どもたちの自主的活動が成り立ちにくくなっていた頃でもあります。このような動きの中で，学級生活における所謂「常識」にも，見直しがなされていたのだと思います（こうした小学校での子どもたちの学級生活の変化は，当然，中学校における学級生活やリーダーのあり方にも影響を及ぼしました）。

　そんな流れの中で出てきた学級目標不要論は，私のような学級目標をつくることを「常識」としてきた教師たちに驚きをもって受け止められました。どんな実践なのか不安と期待をもち，それを主張するある教師の教室を見に行きました。そこに行くと，学級目標を掲示するスペースに数十枚のカードが貼られていました。一人ひとりが決めためあてが書かれたカードでした。そこには，「明るく挨拶をする」とか「自分の責任を果たし，クラスのみんなに協力する」などの言葉が示されていました。

　学級目標不要論を主張する教師全てがこのような実践だったとは思いません。ただ，こうした主張をする教師は，子どもたちの思いを集約することはしませんが，子どもたちそれぞれに学級や他者に協力したり貢献したりする行動プランを考えさせていたのだと思います。

　学級で一つの方向を目指していくのではなく，それぞれで学級がよりよく

なる方向を考え行動していくという戦略をとっていたのだろうと思います。恐らくその過程では，「互いにとってよい状態とは？」という話し合いが随時もたれたのだろうと思います。

　学級目標必要論に基づく実践は，演繹的な実践と言えます。よりよい全体のあり方が先にあり，そのための具体的なアクションを考えていきます。それに対して，学級目標不要論に基づく実践は，帰納的な実践だと言えるでしょう。まずは，具体的なアクションから始まり，試行錯誤をしながらよりよい全体のあり方を探っていくものだと言えないでしょうか。皆さんは，どう考えますか。

> **学級目標は，必要ですか。不要ですか。**

　学級目標必要論はもちろんですが，学級目標不要論も目標が要らないとは言っていないのです。最初に設定するか，試行錯誤しながら探っていくかの違いです。学級目標の問題を考える時に，その対極として学級目標不要論を取り上げましたが，両者についての考察から

> **学級が営みを進めるためには，目標が必要とされてきた**

ことがわかります。

　つまり，形としての学級目標を設定しようがしまいが，いつ設定しようが，どのように評価しようが，集団づくりを志向する教室では，何らかの目標が必要とされてきたことは間違いないようです。では，学級にとって目標とは何なのでしょうか。少し理屈っぽくなりました。しかし，近頃，目標なき学級集団づくりをしていて，その結果，学級生活がしんどくなっている事例を多く目にするので，目標の是非について論じてみました。

 集団とは何か，学級とは何か

　学級は，しばしば学級集団と表現されます。学級づくりが集団づくりと言

い換えられることもよくあります。このように，学級と集団という言葉は切っても切れない関係にあると言っていいでしょう。集団には様々な意味があります。人の集まりに使われることもあれば，昆虫や動物など，人以外にも適用されることがあります。こうしたことから，群れという意味で使われることもあります。

　また一方で，政党は政治集団，劇団は演劇集団，応援団は応援集団ですから，こうした人のかかわりによって結ばれている人の集まりにも適用されます。政党や劇団が群れであっていいわけはありませんから，「群れの状態の集団」と「人と人とのかかわりによって結び付いた集団」は明確に分けて考えるべきでしょう。

　前者と後者を区別するものは何でしょうか。動物や昆虫の群れを入れてしまうと話が拡散してしまうので，対象を人の集まりに限定したいと思います。人の群れというと，大都会の交差点や混み合った遊戯施設などが想像されます。人が大勢集まっている時に，群れと表現されます。しかし，何万人集まっていようと，それが，野球場やサッカー場で特定のチームを応援している場合は，群れとは表現しないのではないでしょうか。高校野球でグラウンドの選手たちを必死に応援している応援団を群れとは言いませんよね。

　政党，劇団などの集まりと，交差点の人の集まりの違いは何でしょうか。政党，劇団，応援団は，政治理念の実現，演目の上演，応援することなどの明確な目的をもっています。では，「交差点の人々や海水浴客は目的をもっていないのか」というと，もっています。信号を待つ，海水浴をするなどの共通の目的をもっています。

　しかし，前者と後者の目的には明確な違いがあります。それは，

 目的達成のために相互作用を必要とするかしないか

ということです。群れがもつ目的には，人々の相互作用は必要ありません。交差点を渡ることや，海水浴場や遊園地のお客さん同士で相互作用が必要だとは思えません。しかし，政党や劇団や応援団には，協力や役割分担，認め

合いなどの相互作用が必要になってきます。学級が群れに近いものか否かは，確認しなくてもいいでしょう。

 学級は，その目的達成のために相互作用を必要とする集まり

なのです。

 ## 4 学級集団づくりの目的

では，学級に必要な相互作用とはどのようなものなのでしょうか。一見難しそうな問いに思えますが，その答えは意外と簡単に求めることができます。団は，英語に訳すと TEAM と表現されることが多いようです。つまり「団＝チーム」と考えれば，どのような相互作用が必要かわかりやすいでしょう。チームといえば，すぐに連想されるのがスポーツ集団です。野球のチーム，サッカーのチーム，体操のチームもあります。水泳や陸上のリレーメンバーもチームです。チームの目的は明らかです。試合に勝つことや記録を伸ばすことです。

これらは，チームの課題を達成することと言い換えることができます。チームは，その目的を達成するために，様々なかかわりをもつのです。よって，学級に必要な相互作用も，課題達成を目的として起こってくるものだと考えられます。

近年は，学級崩壊や子どもたちの学校における関係性の問題が取り沙汰されるようになり，学級づくりの目的が，人間関係づくりとされる傾向がありますが，本来の学級づくりの目的は，子どもたちの仲をよくすることではありません。学級の本来的なあり方は，学習課題や生活課題を解決する課題解決集団であると考えられます。

学級は，子どもの居場所としての機能が注目されていますが，それは，居場所が確保されることで，子どもたちの能力が開発されやすくなるからであり，関係性が向上することで，達成への意欲が高まるからです。つまり，学

級というところは，単なる居場所ではなく，子どもたちにねらいとする能力をつけるという課題をもっている場所なのです。

学級集団づくりの目的は，子ども集団を課題解決集団に育てること

だと本書では考えています。

課題解決集団に育てるための３条件

子ども集団を課題解決集団に育てるためのには，次の３つの条件が必要です。

① 方向性
② 関係性
③ 役割・ルール

①の方向性，これは課題のことです。それも集団に共通の課題です。言い換えれば，

一人では解決できない課題

です。

一人では解決できない課題ですから，解決するためには協力し合うことが求められます。学習や学級生活は，まさに子ども集団に一定の方向性を与えるための課題だと言えます。逆に言えば，子ども集団を課題解決集団にするためには，学習や学級生活を子どもたちの共通の課題に再構成していく必要があります。

子どもたちの目の前に共通の課題が提示され，それに取り組もうとする時に協力が起こります。一人ではできないからです。協力するためには，様々なコミュニケーションが必要となってきます。おしゃべりのレベルから，自己主張や傾聴，交渉，依頼，妥協などの高度のレベルまでです。つまり，一

人では解決できない課題を解決しながら，そこで子どもたちは生きていく上で必要とされる価値観や態度やスキルを学びます。

　この学びこそが，子ども集団を適切に育てることの中核をなすと言っていいでしょう。それが②の関係性です。課題解決集団に求められる関係性とは，単に仲がいいことにとどまらず，他者と協力できることが求められます。これは，われわれが生きていく上での基本だと言うことができるでしょう。仲のよさは必要です。仲が悪いよりもよいほうが圧倒的に課題解決において有利になります。しかし，そこがゴールではないのです。あくまでも，仲のよさは通り道なのです。

　もう一方で，効果的に課題を達成するために求められるのが，③の役割やルールです。野球やサッカーのチームには，それぞれポジションがあります。それぞれがそのポジションの役割をきっちりと果たしてこそ，課題の達成があります。当然，そこには守るべきルールがあります。

　学習課題や生活課題の解決においても，役割が明確なほうが効果的に課題を達成できます。掃除をするにしても給食当番をするにしても，役割があることでスムーズに仕事を遂行できます。イベントを実行するにしても，問題を解決するにしても，リーダーがいてフォロワーがいて，成功します。

 ## 6　学級目標とは

　こうして考えてくると，学級目標とは何なのかが見えてきます。学級目標とは，子ども集団を課題解決集団に育てるための方向性，つまり，共通の課題だと言えます。群れのような状態になっている子どもたちに，課題解決集団になるための方向性を与える課題です。課題解決集団になることを目指して，クリアすべき指標が学級目標だと言えます。学級生活をつくっていくことは，まさに一人ではできない課題です。

　目標と目的は違います。目的は，最終的に目指すべきゴールです。目標は，それを達成するための道標です。つまり，学級目標とは，子どもにとっては

目的としての役割をもちますが，教師にとってはあくまでも目標なのです。下図で示すように，学級目標を達成することが学級づくりのゴールではないのです。学級目標は，教師の学級を育てる戦略の中に周到に位置づけられるべきものです。したがって，

 学級目標は，問題解決集団の育成というゴールにたどり着くための，子どもたちと共有する道標

なのです。学級目標が年度当初に決められたまま，振り返られることのない豪華な掲示物でいいはずがありません。学級目標は，様々な学級における活動と連動して，活用されるものであることが本来の姿です。学級目標を掲げながら何もしないのは，ダイエットで「〇キロになる」と言っておきながら普通の生活をしているのと同じです。また，定期的に体重を量って，思うような結果が出ていなかったら，取り組みを変えるなどの修正が必要です。何もしなかったら，達成できるわけがありません。

　本章で紹介する書籍では，各実践家から学級目標を「どう，捉え」，「どう，

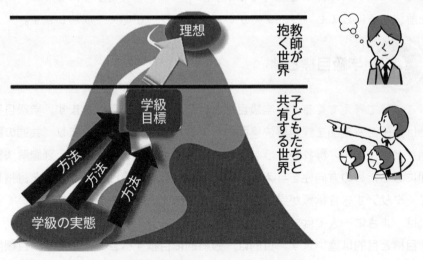

図　教師の抱くゴール像と学級目標

つくり」，それを「どう，集団づくりの中で活用していくのか」という具体例を示してもらいました*。きっと皆さんの学級にとって，生きて働く学級目標の作成と活用に役立つことだと確信しています。

7 スタートの意味

　ものごとを始めるにあたって，スタートは極めて重要です。ロケットの打ち上げのほんの数ミリの誤差が，着地点を大幅に変えてしまうことがあります。どんな考えをもって始めるかということが，ものごとを始める上でとても重要です。

　学級目標を決めるという前に，ぜひ，自分の学級づくりにおいて，学級目標とはどんな意味があるのだろうかと考えてみてください。そして，次にその考え方を実現するには，どんな学級目標のつくり方がいいのだろうかと検討してみてください。そして，最後に，そのつくられた学級目標を活用するには，具体的にどんな場面があるのだろうかと構想してみてください。確認したいのは次のことです。

> つくらなくてはいけない学級目標をつくっているうちは，学級目標が機能することはない

でしょう。集団づくりにおいて学級目標が本当に必要だと思ってつくる学級目標が，子どもたちを理想の集団に導き得るのです。学級目標だけでなく，目標の達成は，ほとんどリーダーの自己管理の問題です。リーダーの本気度が試されます。リーダーが本気でその目標を達成しようと思わなかったら，メンバーが本気になるでしょうか。学級目標の達成は，教師がそれを主体的に自覚し，その達成に向けて本気になることから始まります。子どもたちは，教師の本気に反応して本気になります。

　次ページ以降に，私の実践を載せました。拙い実践ですが，ここまで述べたことを具体化する一つの例にはなるでしょう。

私の考える学級目標

　今，目の前に10人の正義の味方がいたとします。正義の味方は，基本的に「孤高のヒーロー」です。正義の味方ですから，一人ひとりは正しい考えをもち，その優れた力で人々を守ります。しかし，各々の正義は違います。だから，正義は，しばしば対立をします。「この人は助けるべきだ！」「いや，助けることはその人のためにならない！」，互いに正義を背負っているので，一歩も譲りません。互いの正義を実現するために，やがて互いに傷つけ合いを始めることもあります。

　このヒーローたちをまとめるためには，どうしたらいいでしょうか。

　それは，意外と簡単です。悪役を登場させればいいのです。イラストのような正義の味方同士の争いの場面に，強大な敵が現れたらさすがに互いに争っている場合ではありません。次ページのイラストのように，一斉に敵を見据えるはずです。そして，目の前の敵を倒すために敵に向かっていくでしょう。また，一人では歯が立たないとわかると，次に，力を合わせることでし

ょう。だから，敵は強いほうがいいのです。弱かったらヒーローたちは力を合わせる必要がありません。敵が強ければ強いほどいいのです。相手が強いほどヒーローたちは協力します。

つまり，強力な敵が出現することによって，「孤高の存在」は，手に手を取って「チーム」になります。学級目標の機能も，基本的にこれと同じ構造です。もちろん，学級目標は敵ではありません。それは，共通に目指す目的という意味です。

本章⑦までにも書いてありますが，学級目標は，教師にとっては理想の学級という目的を実現するための目標ですが，子どもたちにとっては，学級目標こそが理想であり，目的です。目的をもつことによって，群れ，時には「烏合の衆」ですらある子ども集団がチームになります。

学級がチームとして機能するためには，そこに協力関係が必要となります。協力関係を構築するためには，「役割」と「良好な関係性」が必要となります。関係性が悪かったら，協力すること自体が難しくなります。しかし，最初から良好な関係性がある場合は希です。ですから，目的を達成する活動を通して，良好な関係性を育てていくというのが現実的な姿です。

その時に役割が明確なほうが，互いのやるべきことがはっきりして，競合関係に陥りにくいです。目的だけがあっても，そこに役割分担がないと，役割を奪い合ったり，そこで活躍できない場合があったりして，その不全感が関係性を悪化させます。役割分担をして効率的に目的に向かうと，成果が出やすいです。よい成果を出せば，それだけ更に良好な関係性も生じやすくなります。

　このように，チームに必要な3条件である

① 方向性　　② 関係性　　③ 役割・ルール

は，目標である方向性が示された時に，良好な関係性や役割の必要性が発生してくるという構造をもちます。したがって，学級がチーム化するために最初に必要なものが，子どもたちにとっての学級の理想像である学級目標であると言えます。

　学級目標は，スローガン的な存在であることが多いです。ですから，それを直接実現することは難しいです。よって，学級目標をより具体的な姿で表現することが必要となります。「勉強ができるようになる」という目標は，「次のテストで90点以上を取る」という下位目標によって具体化します。その下位目標の達成の連続によって，抽象的な上位目標の達成を実感させるようにします。

　次節では，小学校1年生の学級目標づくりのシナリオと，それに基づきどのような活動を仕組み，子ども集団をチーム化したのかを紹介します。

 9 子ども集団をチームにする学級目標

(1) 学級目標を決める

　私は，大抵，学級開きから1か月以内に学級目標をつくってきました。早い時は，3日目でつくったこともあります。しかし，1年生の場合は，2か月くらいしてからその作業を始めました。学級目標とか集団行動よりも，ま

ず学校に慣れることが最優先です。そして，集団をまとめることよりも，まず，一人ひとりと関係性をつくることが先です。だから，2か月間は，学校に適応する時間，個とつながる時間をたっぷりとるようにしました。

給食に慣れ，遠足も経験し，そこそこケンカやトラブルも起こっていた5月の下旬，子どもたちに言いました。

＿＿＿＿＿＿＿＿＿＿＿＿＿＿＿＿＿＿＿＿＿＿＿＿＿＿＿＿＿＿＿

　皆さんは，この1年3組をどんなクラスにしたいのですか？

＿＿＿＿＿＿＿＿＿＿＿＿＿＿＿＿＿＿＿＿＿＿＿＿＿＿＿＿＿＿＿

すると，5，6人の手がバッと挙がりました。しかし，そこは制して少し待ちました。一人でも多くの子どもから意見を言ってもらいたいと思いました。数分してから，「それでは，どうぞ」と言うと，20人ほどが挙手をして発言しました。同じ内容もありましたが，出された意見を全部黒板に書きました。

他の学年の場合は，短冊に意見を書かせて，それを黒板に貼り出します。しかし，まだ文字を書くことにとても抵抗のある子もいましたし，この活動自体をよく理解していない子もいるのではないかと思いました。だから，まずは，言える子，言いたい子から意見を集めることにしていました。

次に，

＿＿＿＿＿＿＿＿＿＿＿＿＿＿＿＿＿＿＿＿＿＿＿＿＿＿＿＿＿＿＿

　同じことを，言っているものはない？

＿＿＿＿＿＿＿＿＿＿＿＿＿＿＿＿＿＿＿＿＿＿＿＿＿＿＿＿＿＿＿

と聞くと，
　「『ちゃんと席に着く』と『勉強する』は一緒」
　「『楽しい』と『明るい』は一緒」
　「『ケンカしない』と『やさしい』は一緒」
などと，的確にまとめてくれました。

出された意見は全て，何かしらの意見に含めていました。20以上の意見が次の5つにまとめられました。

```
①  やさしい３くみ
②  べんきょうする３くみ
③  たのしい３くみ
④  かっこいい３くみ
⑤  りっぱな３くみ
```

　厳密に分類すれば，おかしなものもあるにはありましたが，何よりも大事にしたかったのは，

```
①  子どもたちの言葉で，子どもたちがまとめること
②  出された意見の全てを採用すること
```

でした。１年生でも，「自らの手でよりよい生活をつくる」集団になってほしかったからです。ここで終わってもよかったのですが，次の手立てのことがあり，この５つを更にまとめるために声をかけました。

　「『しっかり勉強すること』や『やさしいこと』って，いいことだね。これを，更に１つにまとめられるかな？」

　子どもたちは口々にいろいろ言っていましたが，誰かが

　「りっぱ！」

と言いました。あちこちで，「いいね」「いいね」と言っていましたが，ある子がこう言った瞬間に，教室が沸きました。

　「全部，りっぱなことだよ！」

　子どもたちは，口々に「そうだ」「そうだ」と言っていました。

　そこで，次のように言いました。

　みんなの言ったことをまとめると「りっぱなクラス」ということだね。
　みんなの言うりっぱなことって，優しくって，勉強して，楽しくって，かっこいいことなんだね。

　こうして，１年３組の学級目標は「りっぱなクラス」になりました。

⑵　学級目標を魅力的にする

　飾っておくだけの学級目標では意味がありません。学級目標が，本当に子どもたちをチーム化するために機能するには，ここからが勝負です。ヒーローという存在にとっては，敵はある意味「魅力的な存在」です。なぜならば，ヒーローに役割を与え，その能力を存分に発揮させてくれます。敵を倒すという動機づけがあるからこそ，役割や良好な関係性が生じるのです。

　敵という存在が，ヒーローの正義に基づく行動を喚起するように，学級目標も，子どもたちが目的を達成したいと思うような存在にすることが必要です。子ども集団がチーム化するためには，常に，目標に向かうという志向性が必要なのです。わかりやすく言うと，

> いつも，学級目標を達成したい

と思わせることです。そのためには，次の条件が必要だと考えています。

> ①　学級目標を価値のあるものにする。
> ②　学級目標達成の見通しをもたせる。

　達成することに意味があるものだと認識すれば，子どもたちはその達成のために行動するでしょう。しかし，あまりにも困難で達成の見通しが立たない場合には，達成しようとは思わないでしょう。また，逆に，達成が容易に思えても，達成することに意味がないとみなした時は，子どもたちはやはり達成しようとはしないでしょう。

　子どもたちが達成したくなる学級目標とは，達成する意味があり，達成の見通しが立つものなのです。

⑶　学級目標をキャラクター化する

　学級目標を価値のあるものにするためには，前に述べたように，子どもたちの総意で決めるということが最も大切な要件です。しかし，私は，ここにもう一工夫が必要だと思っています。

子どもたちは大人と違って，話し合いにいつも主体的に参加しているとは限りません。また，大人が主体的に参加しているかどうかは別としても，大人は話し合いの意味を理解しているので，そこで決まったことはとりあえず尊重しようとするでしょう。しかし，子どもたち，それも，こうした話し合いの経験値が少ない子どもたちほど，話し合いの意味がよく理解できないことがあります。

　だから，学級目標を身近なものに感じるようにして，「好きだから挑戦しよう」といった側面からもアプローチすることも必要だと思っています。そのために，私がとってきた戦略は，

 学級目標をキャラクター化

することです。

　私たち日本人は，キャラクター好きの国民といわれます。全国にあふれるほど存在する「ゆるキャラ」を見ていれば，それは容易に理解できると思います。都道府県の公認キャラからスポーツのチームにいたるまで，キャラクターだらけです。こうした，シンボルによってメンバーの凝集性を高める戦略は，従来から採用されてきたようです。最も普遍的でポピュラーな存在が，国旗ではないでしょうか。

　子どもたちに問いかけました。

> 皆さん，「りっぱ」な3組にピッタリのキャラクターって何でしょう。

　意外と，この質問は難しく6年生でもなかなか出ないことがありました。しかし，柔軟性抜群の1年生は，しばらくするとどんどんと手を挙げ意見を出しました。

　当時の流行を色濃く反映していました。

・ピカチュウ　・ポケモン　　・ゼニガメ　・こいのぼり ・ライオン　　・だんご3兄弟　・ピッピ　　・プリン　など

他にもたくさん出ましたが，その多くが当時大流行していたポケモンのキャラクターでした。一方，少数ですが，ポケモンを知らない子どもたちもいました。そこで，理由を尋ねました。ポケモンに詳しい子どもたちは，説明しました。

　「ポケモンの話は，ポケモンが戦いを通してたくましくなって強くなっていく話だから，ぼくたちもりっぱになって進化したい」

　「なるほど」と思いました。彼らの熱意もあって，ポケモンは大多数の支持を集め，採択されました。

　ここで学級のニックネームが決まりました。

　「ポケモン3くみ」

　ここから，学級目標定着のための作戦が始まります。

　入学初日から，学級通信を発行していましたが，そのタイトルは「題なし」でした。

　子どもたちや保護者から

　「先生，これじゃせっかくのお便りも台無しだよ」

なんて笑われながらも，2か月間この日を待っていました。

　「今日のお便りは，違うよ〜」

ともったいぶりながら，「ポケモン3くみ」のタイトルの入ったお便りを配ると子どもたちは，「おお，すげ〜」と歓声を上げました。もちろん掲示用の学級目標もつくりました。また，学級旗をつくる

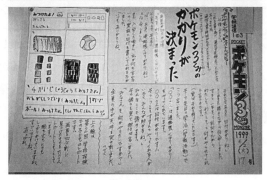

学級通信

ことも告げて，アイディアを募集しました。

　応募作品から，話し合ってよいところを集め，デザインを決めました。一番人気のキャラクターの周りには，子どもたち一人ひとりのお気に入りのキャラクターを黒い影にして入れました。また，子どもたち全員のサインも入っています。学級としてのまとまりやみんなを意識することが難しい１年生が，それらを意識するためには，当時の子ども文化を一世風靡した感のあるポケモンは，とても有効なキャラクターだったと思います。

⑷　学級目標の評価

　しかし，これだけでは，学級目標を盛り上げただけです。ポケモンが印象的なだけに，既存のキャラクターのポケモンと学級目標が乖離する恐れすらあります。学級生活や学習が落ち着いてきた２学期から，学級目標の評価活動を始めました。２学期早々にPTA主催のバーベキュー大会がありました。PTA行事には少し心配がありました。これまで，割としっかりした子どもたちでも，PTA行事になると甘えが出るせいか，「ぐだぐだな」姿になる子どもたちを見てきました。それは，中学年でも高学年でもです。

　「親と一緒の時ぐらい，いいではないか」という意見もよくわかります。しかし，私は，行事は子どもを育てる機会だと考えているので，たとえPTA行事でも，１年生でも，ルールやマナーを守って行動してほしいと思っているのです。バーベキューが始まる前に子どもたちに言いました。

　　おうちの方々は，忙しい中，みんなと楽しむために時間をかけて準備をしてくださいました。だから，待っている時に「まだ〜？」とか，食べ終わってすぐに「帰りたい〜！」と言って，楽しいムードを壊してはいけません。
　　力を合わせて，みんなが楽しくなるように行動するのです。そうやって力を合わせることを「協力」と言います。

さて，子どもたちはどんな行動をしたでしょうか。9月といえど，場所はグラウンドです。夏の名残を感じさせるほどに気温は上がっていました。しかし，その時に子どもたちを見ていて

「すごい！」

と思いました。

　暑さの中でわがままを言うことなく，親御さんに協力をしていました。「おうちの人が来ない子を一人にしてはいけない」ということも言っておいたのですが，それも実によく守っていました。ある子は，家族が来られない子と常に行動し，一緒に食べたり遊んだりしていました。

　そんな子どもたちに，私は，あるプレゼントをすることにしました。それは，「3くみオリジナルポケモン」です。

3くみオリジナルポケモン

> バーベキューの時に皆さんはとても「りっぱ」でした。つまり，ポケモン3くみのめあてを達成したのです。君たちは今日，1匹目のポケモンをゲットしました！　その名は「きょうりょくポケモン，キョーリキー」です‼

　前ページ写真の右から2番目が，最初の1匹目の「きょうりょくポケモン，キョーリキー」です。安易なネーミングのいかにも間に合わせの作品でしたが，子どもたちは大喜びでした。

> もっとポケモンをゲットして，どんどんりっぱなクラスになろうね。

と言いました。
　この後，バーベキューでできなかったゲームをしました。
　「先生，このゲームが成功したらポケモンゲットできる？」
　「どうかなあ……」
なんて，やりとりでゲームは始まりました。思えば1学期は，こうしたゲームをすると参加できない子どもたちが多数いました。途中でケンカして座り込んでしまったり，やり方がわからなくなって泣いたりいじけたりして，ゲームが最後まで成り立つということが難しかったです。しかし，その日は見事に楽しみ，早速2匹目のポケモンをゲットしました。
　ポケモンゲットのシステムは極めてシンプルです。

> ①　帰りの会で，学級の立派な姿を子どもたちや教師が推薦する。
> ②　8割が賛成すればポケモンゲット。
> 　・基準の8割は話し合いで決める。
> 　・反対派の理由を丁寧に聞いて，安易に認めないようにする。

　3学期，子どもたちは教室に飾られた120体以上のポケモンを眺めながら，自分たちの成長を感じていたようです。ちなみに彼らが最後にゲットしたポケモンが「アカサカー」でした。

74

☑ 学級を最高のチームにするチャレンジ

　本章では，実践を少し詳細に述べましたので，ここでは要点だけを書き出します。あなたの学級目標を，下の観点で振り返ってみてください。

最後のポケモン

☑ ①　「つくらなくてはいけない学級目標」になっていませんか。

☑ ②　学級を育てるために，学級目標は必要だと思いますか。

☑ ③　学級目標を決める時に，学級全員が参加し，全員の意見が反映されていますか。

☑ ④　学級目標は，子どもたちを引きつける魅力的なものになっていますか。

☑ ⑤　学級目標を実現するための具体的活動が仕組まれ，役割分担がなされていますか。

☑ ⑥　その活動を，学級目標に照らし合わせて振り返っていますか。

☑ ⑦　子どもたちの活動を見守り，肯定的なフィードバックをしていますか。

書籍紹介
★★★★★

『最高のチームを育てる学級目標
作成マニュアル&活用アイデア』

学級目標の設定の仕方を示した書籍はこれまでも発刊されてきた。しかし，その一方で，学級目標をつくる時は盛り上がったけれども，そのまま豪華な飾りで終わってしまった実践も少なくなかった。本書は，学級を育てる学級目標のあり方をコンセプトに，学級目標の設定の仕方と，学級目標を活用するための具体的活動をセットにして提示した。

本書を読めばわかるが，これは単なる学級目標作成と活用のマニュアルではない。子ども集団にいかに魅力的な目標設定をして，主体的な動きを引き出していくかというチームづくりの書である。目標設定，具体的活動，そして評価の方法は，学級目標にかかわらず，教育活動の様々な場面に応用が可能である。

宇野弘恵，岡田広示，南　恵介，山田将由，和田　望，松下　崇，松尾英明，畠山明大，岡田敏哉，海見　純，井口真紀ら小中のスペシャリストたちが，学級を育てるための学級目標のつくり方とそれを連動させた具体的活動のあり方を紹介している。

近年教室を訪問して驚かされるのは，学級目標をもたない学級が少なくないことである。特別支援的な配慮によって黒板の周囲に掲示物をしないという方針は理解できる。しかし，それと学級目標をもたないという問題とは別なことである。目標を設定することは，集団を導く時には必須のことである。本書によって，学級目標の必要性を再認識してもらえるとありがたい。

＊　赤坂真二編著『最高のチームを育てる学級目標　作成マニュアル&活用アイデア』明治図書，2015

第 **4** 章

PERFECT GUIDE

子どもたちのやる気を引き出すには
シンプルな原則があった。
全員参加の授業を実現する
ポイントは？

学力を高めるのは
教師に共通する "あり方"

1　全員参加の授業を目指すなら

　本気で学力を高めようと思うならば，何に最も力を注がなくてはならない
でしょうか。教材の研究ですか，教え方の工夫ですか。

　本章では，もう一つ，重要なポイントを指摘したいと思います。これから
の授業の成功に欠かせないのは，学習者に関する研究です。誤解のないよう
にお伝えしておきますが，教材研究や教授法研究に意味がないと言っている
のではありません。

　かつては授業の教材やネタで，また，発問や指示などの教え方で，多くの
子どもたちが授業という土俵にのってくれました。しかし，今は，他の子と
同じような学び方では学べない子が一定数います。そのことは，日々現場に
いる皆さんのほうがよくご存知だと思います。

　また，優良な授業コンテンツがネットで配信されるような時代に，これま
でのように何をどのように教えるかということは，相対的に意味が薄れるこ
とが予測されます。それよりも，どのように条件整備をしたらそうしたコン
テンツに子どもたちが積極的にアプローチするようになるかということに関

図1　授業研究の3つの柱

する研究が更に必要となってくると言いたいのです。

　子どもたち一人ひとりが積極的に学習にアプローチするために，教師は，何をしたらいいのでしょうか。授業は，イラストに示すように，教材研究と教授法研究と，そして学習者研究が三脚となって支える構造にあります。これまでは，よい授業が教材研究と教授法の研究で語られる傾向がありました。しかし，本気で「一人残らずわかる授業」，「全員参加の授業」を目指すならば，別な発想と技術が必要です。

 ## 2　学力を高める教師

　学力を高めたい先生方は大勢いることでしょう。学力にもいろいろな捉えがありますが，多くの先生方にとって無視できない課題は，テストの点数の向上でしょう。

　ある地域の校長会では，テストの点数が上がった学校の校長先生は会合の間中，居心地がよく，成果の上がらなかった学校の校長先生は何となく居づらい……なんていう話がまことしやかに聞こえてくる昨今です。

　わが国でも，かつては偏差値競争が激化し，合格した高等学校や大学の偏差値で，その子の人格まで評価してしまうような時代がありました。私はそういう時代をくぐり抜けてきた一人です。偏差値の高い高校の生徒は，町を堂々と歩き，学生服に校章を輝かせていました。一方で，そうではない学校の生徒は，校章を隠したり，制服を着ないようにしたりしていました。今はそこまで露骨なことはないと聞きます。高学歴が高収入を意味する功利的学力観が崩れてきたという背景があるでしょう。ライフスタイルが多様化して，保護者の価値観が変わったことも影響しているでしょう。

　偏差値という物差しだけで子どもたちを測るということに対して，よしとしない価値観が共有されてきているようです。子どもたちは，以前に比べれば，幾分過ごしやすくなったのかもしれません。しかし，一部ではあるにせよ，公立学校の校長会がそうなってしまっていると聞くと寂しい気持ちにな

るのは私だけでしょうか。いずれにせよ，この偏差値で学力を測る傾向はまだ続きそうです。

　ただ，この学力調査の結果に右往左往している様子を見聞きするといつも思うことがあります。学級崩壊や生徒指導上の案件が後を絶たない実態なのに，ひたすら授業改善や学力向上策ばかりに関心を向ける学校があります。

　いじめが何件ありました，不登校が何人います。しかも，増加していますという状況で高まった学力や，その学校の教育活動にどれほどの意味があるのでしょうか。

　しかし，一方で，学級の機能を強化して，成果を上げている先生方がいることも事実です。そうした先生方の取り組みからは，やはり積極的に学ぶべきです。学力が高まること自体は悪いことではないわけですから。

③　学力を支える学力基礎

　そうした先生方は，何をして成果を上げているのでしょうか。傾向として言えるのは，

 学力を高めるために実践しているのではなく，子どもたちの活動を活性化することによって，結果的に学力「も」高めている

ということです。子どもたちの活動を活性化するということは，意欲を高めているということです。

　しかし，これは学習意欲だけを高めているという意味ではありません。学校生活全体への意欲です。皆さんの身に置き換えて考えてみてください。皆さんの仕事へのモチベーションは，授業をすることや学級にかかわることだけに影響を受けていますか。そんなことはありませんよね。

　上司との関係性や，同僚との関係性から影響を受けていませんか。嫌な上司や同僚がいる職場では，どんなに子どもたちとうまくいっていても，モチベーションは上がりにくいのではないでしょうか。また，自分の次の異動先

がとんでもない遠隔地で，家族や親しい人たちと離れ離れにならなくてはならないとわかっていたら，これも心配で仕事にならないかもしれません。ましてや同僚や保護者に自分の悪口を言う人がいて，それを言いふらしているとしたら職場に行くのも嫌になることでしょう。

　学力を向上させるからといって，授業改善ばかりしている学校が成果を上げられないのは，こうした学習をする環境を整えることの優先順位が低いからです。学習意欲は，教師との関係や仲間との関係，また，学級の雰囲気などと密接に関連していて，学習意欲だけを単独で取り出して高めるようなことはできないのです。

> 学力向上に成功している学校や先生方は，学力を支える「学力基礎」
> の向上にもコストをかけている

と言えるでしょう。

 学力の3要素

　学習意欲と学力の関係は図2に表されます。

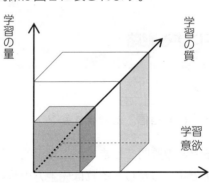

図2　学力の3要素

　学力を高めるには，質の高い学習を一定量以上行うことが考えられますが，この時に，忘れてはならないのが，学習意欲の問題です。どんなに質の高い

学習を一定量させることに成功したとしても，学習意欲の低い子には身に付かないということです。この当たり前すぎることが，見落とされていたように感じています。多くの子どもたちが，素直に学習に取り組んでいた頃はそれでもよかったかもしれません。

　しかし，状況は変わりました。学級崩壊などの機能不全に陥る学級が報告されるようになりました。近年では，一見，学習が成り立っているようですが，全体的な低意欲によりダラッとシラッとしている

> **静かなる崩壊**

と呼ばれるような状況も起こってきています。また，立ち歩きや私語などに象徴されるような，一斉指導場面に不適応を起こす個別支援の必要な子どもたちの増加に伴い，ネタや教材，発問や指示，学習形態の工夫だけでは対応できない問題が起こっています。

　一人ひとりの学力保証を真剣に考えたら，一人ひとりの学習意欲を高めることに関心を払っていくのが戦略的に必要になってきています。つまり，子どもをやる気にさせることができる力は，これからの学力向上には不可欠な視点なのです。

 ## 5 やる気にする戦略

では，お聞きします。

> **子どものやる気を高める自信，ありますか？**

　いろいろなところでこの質問をしますが，肯定的な回答をする先生がほとんどいないのが現状です。しかし，それは先生方のせいではありません。教員養成の問題だと考えています。現在の教員免許取得プログラムで多くの時間が割かれているのが，教材研究と教授法に関する研究です。学習者の動機づけに関しては，ほとんどの対応ができていないのです。

そして，教員になってからも，現職研修で子どもたちのやる気を高めることに特化した講座はほとんど聞きません。構造的に学べないようになってしまっているのです。

　続けてお聞きします。

> **子どもたちのやる気を高めるために何をしたらいいですか。**

　こちらの問いの答えとしては，「目標をもたせる」「ほめる」「励ます」などの答えが返ってくることが多いです。どれも必要ですが，不十分とも言えます。私たちの行動は，周囲の雰囲気に大きな影響を受けています。高級レストランで大声を出す人はいません。また，居酒屋でヒソヒソ話をする人は，特別な話題を話している人だけです。披露宴でジャージの人はいないし，公園でタキシードを着ている人は大道芸人さんだけです。

　したがって，私たちのやる気も，雰囲気の強い影響を受けていると考えられます。子どもたちのやる気は，学級がもっている雰囲気が強く影響していると考えられます。しかし，「うちのクラスには，周囲の影響を受けずにしっかりと勉強している子がいますよ」という方もいることでしょう。恐らくいると思います。全ての子どもたちが，学級の雰囲気に同程度の影響を受けていると想定するほうが不自然です。学力の高い子どもたちは，高い学習意欲，高い学習能力，安定した学習習慣，そして，安定した家庭のサポートを確保している可能性が高いです。彼らは比較的，学校生活の影響力を受けないのです。

　しかし，学力の下位層の子どもたちは，そうはいきません。先ほど挙げた要因のどれか，または，全部が足りない可能性があります。その子どもたちが学習に向かうには，周囲のサポートが必要なのです。もし，あなたがテストの得点を上げようと思うならば，下位層の子どもたちをやる気にさせる環境をつくるべきです。下位層の子どもたちの得点が上がったら，平均点が上がります。あなたのクラスのテストの平均点の上昇は，下位層の子どもたちが如何に得点を取るかにかかっているのです。

雰囲気に最も強く影響するもの

　では，学級の雰囲気に強く影響しているものは何でしょうか。子どもたちの気質や教室のつくりなど，いろいろと考えられますが，

> **教師のあり方**

が挙げられるでしょう。職員室の同僚が一人異動で代わるのと，校長先生が代わるのとでその影響力の違いを想像してみてください。恐らく，大きな違いがあるだろうと思います。その空間で最も決定権をもっている人が，雰囲気に最も影響すると考えられます。皆さんは，どんなに否定しようと，教室においては強い影響力をもった存在です。

 指導力を発揮したかったら，その影響力をまず自覚する

ことです。

　注意したいのは「やり方」ではないのです。皆さんのあり方です。「やり方」で勝負していいのは，ある程度子どもたちと信頼関係ができている教師です。また，学力の上位層の子どもたちに対してです。

　下位層の子どもたちには，「やり方」で勝負するのは危険と言わざるを得ません。下位層の子どもたちは，その「やり方」についてこれないことがあるのです。すると，授業場面では「できない，わからない」という事態を招きます。

　その不全感は子どもたちの自尊感情を傷つけ，やがては教師への不信感につながります。自尊感情の低下は，人と信頼関係を結ぶ力にマイナスの影響を及ぼすからです。子どもたち，特に下位層の子どもたちは，

 何を言うのか，ではなく，誰が言うのか

という，教師の「やり方」よりも「あり方」を大事にする人たちであること

を忘れないようにしたいものです。

　どんなに発問や指示をブラッシュアップしても，どんなに授業ネタを精選
しても，誰が発問や指示をし，誰がネタを出すのかに注目している子どもた
ちがいるのです。つまり，信頼関係のない人が働きかけても，下位層の子ど
もたちはそれを受け入れない可能性があります。

 7　安全基地の存在

　それでは，どんな教師の「あり方」が子どもたちをやる気にさせるでしょ
うか。

　図3をご覧ください。子どもたちは，無条件に勉強や仲間づくりなどの課
題に取り組むわけではありません。そこには，課題と子どもたちをつなぐ橋
渡しとなる存在が必要です。

　それは，

> 「安全基地」の機能をもつ人

です。安心感をくれる人と言ってもいいでしょう。私たちは，安心感がない
と挑戦できないのです。バンジージャンプをやる時に，このロープが切れる
かと思ったら絶対に挑戦しないでしょう。バンジージャンプをやる人たちは，
心のどこかでロープが切れるわけがないと思っているのです。

図3　やる気が起こるメカニズム

見守ってくれたり，失敗してもフォローしてくれたり，また，信じて見守ってくれたりする，そんな人がいる時に子どもたちは，勉強や仲間との関係構築など，成長に必要な課題に向き合おうとします。皆さんも，決して一人だけの力で今ある能力を身に付けたわけではないと思います。何かにチャレンジする時には，そばに誰かがいて励ましてくれたり，応援してくれたり，見守ってくれたりしていたのではないでしょうか。

　「そんなことない」と思われる方もいることでしょう。しかし，こうした安全基地の存在は，大人になればなるほど内在化するので，普段は忘れてしまっていることがあります。もしよろしかったら，自分の記憶をたどってみて，該当する方を思い出してみてください。必ず，あなたを見守り，励ましてくれた人が見つかるはずです。その人たちから，やる気という挑戦をするために必要なエネルギーを得て，そして挑戦を繰り返し，いろいろなことができるようになって今のあなたがあるのです。

 8　やる気にさせる教師の授業

　子どもたちが意欲的に取り組む授業をしている先生は，授業中にも安全基地として機能している可能性があります。それは，どんな様子なのでしょうか。皆さんの記憶の中にある，子どもたちが意欲的だった授業を思い出してみてください。なぜ，その授業は子どもたちが意欲的だったのでしょうか。

　恐らく，授業者であるあなたが，「ノっていた」のではないでしょうか。授業者のそうした姿は，あなたの子どもたちへの「好意」となって伝わります。

 先生が楽しそうに授業をしている，子どもたちが活動している時に嬉しそうに見ている，そうした姿が子どもたちのやる気を喚起している

可能性が指摘できます。

皆さんも多くの研修会に出られると体験することでしょう。どんなに価値のある内容でも，話者が仏頂面で，ニコリともしないでボソボソ話したら，聞く気になりませんよね。ましてや，それが難解な話だったら尚更です。最初は，自分の理解力のなさに少し落ち込みます。やがて，話者に対して不満を感じ，やがては怒りすら感じるかもしれません。終いには，主催者に対して不信感をもつ方もいるでしょう。「なんで，こんな研修会を開いたんだ！」と。

　そうした授業者のあり方は，子どもたちのやる気にどのように作用するでしょうか。ジェア・ブロフィ氏は，産業・組織心理学の研究に基づき，次のようなことを指摘しています＊1。

　「労働者の意欲は，仕事の性質と得られる報酬だけでなく，職場環境その他の条件，同僚との社会的関係，そしてとりわけ上司に対する感情に影響される。仕事そのものにはあまり内発的に満足していない労働者であっても，上司に好感をもつ場合は仕事に相当な努力を傾ける」

　同様のことが授業においても言えるのではないでしょうか。報酬もなく，それをやることの意味もよく理解していない子どもたちが，なぜ学習をするのでしょうか。小学校2年生が，かけ算九九の必要性を理解して，あのような反復トレーニングに身を投じるとは思えません。紛れもなく，教師が「覚えよう」と言うから必死に覚えようとするのです。

 先生のことが好きだから，勉強をしようとする

のです。

　子どもたちをやる気にさせる教師は，間違いなく子どもたちに好かれる教師です。子どもたちに好かれる教師は，子どもたちに好かれようとする教師ではありません。次のような教師だと言えます。

> ① 子ども一人ひとりを安全基地として見守り，安心感を与える教師
>
> ② 授業などのあらゆる場面で子どもたちとの良好な関係をつくろうとしていて，子どもたち一人ひとりに「好意」を伝えることができる教師
>
> ③ 感情的に成熟していて，あたたかな声，穏やかな笑顔で話し，よく笑う教師

　上記の①〜③を一言で言うならば，「愛の見える化」でしょう。

　本書を手にする先生方は，子どもたちのことが好きだと思います。子どもたちに強い関心をもっている先生だと思います。そもそも子どもたちを嫌いな先生は，わざわざお金を払って本を読んで勉強などはしないわけです。成果を上げている先生は，授業を含めた日常の振る舞いの中で，子どもたちに自らの「好意」を「見える化」しているのだと考えられます。子どもたちはいつも，教師や大人を「この人は自分に関心のある人か」という目で見ています。「値踏み」と言ってもいいでしょう。そのニーズに応えることができる先生を「好き」になり，「信頼する」のです。

　子どもたちはある意味とてもわがままです。「自分を愛してくれる人を優先的に愛する」のですから。しかし，それは，子どもという発達段階の使命ではないでしょうか。

> 子どもの時にたくさん愛を注がれた子が，成長して人に愛を注ぐことができる

のだと思います。愛を受けずして偏差値だけ上げても，その高い能力は，人々への貢献につながりません。人を愛し，社会を好きになるから，そこに貢献しようとするわけです。

　こうしたあたたかなプロセスを経て学力を上げることは，よりよい未来をつくるための一つの方法なのではないでしょうか。先に，方法論の正しさを規定するのは，その目的だと言いました。

> 学力を上げるという方法が，正しいか正しくないかは，その目的が規定
> する

と思います。

　競争にあおられた大人たちの満足感のために学力向上があるのではなく，子どもたちの自己実現とよりよい社会の形成のための学力向上であってほしいと思います。そうした目的がしっかり見えてきたら，学力向上の本来のあり方も見えてくると思います。

　子どもたちが愛に包まれながら学習するか否かは，先生方の選択にかかっています。

> 多くの子どもたちには，学習環境に対する決定権がない

のです。

　本章で紹介する書籍には，授業を通じて子どもたちとつながる教師たちの姿が書かれています[*2]。また，本章では，彼らがどのような「あり方」をして実践しているかを述べました。彼らの言葉，投げかけ，振る舞いを読む時に，子どもたちへの熱い思いを胸にしながらも，あたたかで穏やかで，そして上機嫌に授業をしている姿を想像しながらお読みください。きっと彼らの主張していることが，より説得力をもって伝わることでしょう。

　授業を含めた日常の振る舞いの中で子どもたちとつながろうとしている先生は，子どもたちに学力を含めた総合的な能力を高め，子どもたちの生きる力を活性化していることでしょう。

☑ 学級を最高のチームにするチャレンジ

自分が子どもたち一人ひとりの安全基地になっているか振り返ってみましょう。ただし，一人ひとりとの絆づくりは後の章に譲ることにして，ここでは，安全基地になり得る教師の振る舞いについて考えてみたいと思います。皆さんの安心を感じさせるあり方が子どもたちのやる気につながっていくことでしょう。

☑ ①　自分のもっている雰囲気を知りましょう。

あなたはどんな雰囲気を纏っている教師ですか。そう，私生活ではということではありません。教室にいる時です。自分ではわかりにくいので，他者目線で見てみましょう。ビデオで撮ってみたり，信頼できる同僚に聞いてみたりしたらいいと思います。少し勇気が要りますが，一番いいのは子どもたちに「先生って，どんな雰囲気の人？」などと聞いてみることです。

「楽しい」とか，「怖い」とかは定番ですね。時には「怪しい」なんて言われるかもしれません。子どもたちの反応の場合は，テキストよりもそれを語っている子どもたちの表情に注目してみてください。子どもたちが楽しそうに語っていれば，子どもたちはあなたに安心感をもっていると言えるでしょう。

☑ ②　日々の授業を楽しそうに実践していますか。

授業中にどんな表情で授業をしていますか。また，どんな声のトーンで授業をしていますか。無表情やしかめっ面をしていませんか。低くボソボソとしゃべってはいませんか。目的がある時は別です。場面にふさわしい表情や声のトーンは必要ですが，そうした場合を除いて，普段のあなたの基本型のようなものです。これもビデオを観ればすぐにわかります。

また，授業は楽しいですか。あなたが授業中に楽しいと感じていれば，あなたとつながっている子どもたちは，ほぼ楽しいと感じています。問題は，

90

つながっている実感のない子どもたちです。それは，何人くらいいますか。

☑ ③　教室にいる時に笑っていますか。

　あなたは教室にいる時にどんな表情をしていますか。教室にいる時間の何割くらいを笑顔で過ごしているでしょうか。☑ ①にかかわってきますが，子どもたちが近寄りやすい雰囲気を纏っているでしょうか。教室にいる時の感情は，穏やかですか。感情の穏やかさが子どもたちに安心感を与えます。やんちゃな子も，反抗的な子も，あなたになかなか近寄って来ない子もみんなあなたの表情を見ています。別に顔色をうかがっているわけではないでしょう。でも，大抵の子どもたちは教師に笑顔でいてほしいと思っています。

☑ ④　好意を伝えていますか。

　一日の折に触れて，子どもたちのことが好きだと伝えていますか。子どもたちに直接「みんなが好きだ」と伝えてもいいですが，「みんなといると楽しいな」とか「みんなの担任でいられて嬉しいな」など，一緒に居られる喜びやそのことへの感謝を伝えるのが，伝えやすいし自然だろうと思います。

☑ ⑤　一人ひとりとつながろうとしていますか。

　子どもたちとつながるためには，まず，子どもたちにつながろうとしている人であると認識されているかどうかが大事です。子どもたちは見ています。この人は自分に関心があるか，そして，自分とつながる気があるかどうかです。そこが曖昧なまま，一人ひとりに声をかける，名前を呼んで挨拶をするというような技術的なことをしても，直ぐに子どもたちに見破られてしまうでしょう。

　「やり方」の前に，あなたの「あり方」を問いかけてみてください。

『やる気を引き出す全員参加の授業づくり 協働を生む教師のリーダーシップ』

子どもたちが学習に意欲的に向き合っていない授業は，如何にかかわり合っていてもアクティブ・ラーニングとは言えない。本書は，子どもたちの意欲を高め，全員参加を促す小中学校の実践を取り揃えた。

小学校編は，永地志乃，長崎祐嗣，大島崇行，八長康晴，堀内拓志，松尾英明，南　惠介，佐藤　翔，濱　弘子，白根奈巳，中学校編は，渡部智和，松井晃一，根平緯央，髙橋淳一，岡田敏哉，堀川真理，木花一則，米田真琴，久下　亘，倉澤秀典の20名が実践編を担当。

子どもたちの生活の多様化は，子どもたちの学習への向き合い方も多様化させた。授業づくりには教材研究と教授法研究は不可欠である。しかし，それだけでは全員参加の授業づくりは難しくなった。かつてのようにネタや発問で子どもたちを引きつけることができない実態も出てきた。子どもたちが学習に向き合うためには，学習者である子どもたちとの信頼関係のあり方がより強く問われるようになった。学習課題に向き合うことも，仲間と協働することも子どもたちにとってはチャレンジである。そのチャレンジの意欲を引き出すのが，安全基地としての教師のあり方だ。学習者の安全基地としての教師は，どんなあり方でどんな手立てをとっているのだろうか。豊富な実践から皆さんに最適なあり方とやり方を選んでみてほしい。きっと子どもたちの姿が変わることだろう。

＊1　ジェア・ブロフィ著，中谷素之監訳『やる気をひき出す教師　学習動機づけの心理学』金子書房，2011
＊2　赤坂真二編著『やる気を引き出す全員参加の授業づくり　協働を生む教師のリーダーシップ　小学校編・中学校編』明治図書，2016

第5章

PERFECT GUIDE

気になる子とつながるには
何をすればいいのか？
あなたのその個別指導は、
正しいのだろうか？

SAIKONOGAKKYUZUKURI　SAIKONOGAKKYUZUKURI　SAIKONOGAKKYUZUKU

"気になる子" が
気になる言動をする "理由"

気になる子が学級を荒らすのか

　荒れた学級を訪問させていただくことがあります。状況の説明を受ける時に，けっこうな割合で「支援を要する子が多くいて」という話を聞きます。研修のご依頼を受ける時にも，機能が低下している学級があってその理由として，気になる子のことが話題となります。説明している方はけっしてそういう意味で言っているのではないのかもしれませんが，流れから判断するとそうした支援を要する子がいるために混乱をきたしていると解釈できてしまいます。支援を要する子を含む気になる子のことは，学級経営上の大きな課題であることは間違いないと思いますが，学級が荒れることを彼らの責任にしてしまっていいのでしょうか。

 出会いの日の風景

　次に示すのは，ある小学校教師の４月の姿です。

　新しい学校に赴任して，４年生を担任することになりました。学級開きの日，教室の戸を開けると，子どもたちは実に姿勢よく，教師の話を聞いていました。「誰か教科書を理科室に取りに行ってくれませんか？」と頼むと，数人が「ハイ，やります」と元気よく手を挙げて引き受けてくれました。休憩時間には，多くの子どもたちが「先生，先生！」と声をかけ，様々な質問を投げかけてきました。「何だか，いい一年が始まりそうだ」と感じました。

　しかし，そんな幸せは長くは続きませんでした。数日後の授業中，一人の子が，「先生，ここ，わかんない」と言いました。教師は，「どれどれ」と机間指導中にかがみ込み優しく丁寧に説明をしました。ところが，その子の表情は曇る一方。終いには，涙をぽろぽろと流し始めました。その時間は，「後でね」と言って何とかお茶を濁す形で切り抜けましたが，次の時間もそ

の次の時間も同じことが繰り返されました。

　そんなことが数日続いているうちに，当初は答えがわかると「ハイ，ハイ」と元気よく手を挙げていた子どもたちが，手を挙げなくなりました。その子がわからないと涙ぐむ，そのうちに机に突っ伏してまうようになると，周囲の子がザワザワし始め，授業中に関係のないおしゃべりが聞こえるようになりました。ある時，一人の子が席を立ち，歩き始めました。教師が，「○○くん，どうしたの？　何か，用事があるの？」と尋ねると，「別に……」と言いながら，歩き続けました。教師は，「これはマズイ……」と思って少し強く声をかけました。

　「○○くん，席に着きなさい」。すると，その子は教師をチラリと見て，「やだね」と言いました。さすがに「これを放っておいたら他の子に『示し』がつかない」と思った教師は，初めて教室で大きな声を出しました。「○○くんっ！　いい加減にしなさい！」すると，その子は大声を上げて泣き始めました。もうそこからは，なだめても優しくしてもダメでした。声をかければかけるほど，声を張り上げて泣くばかりでした。

　周りの子どもたちが気になって，教室を見回してみると，女の子が泣いているではありませんか。「どうしたの？」と聞くと，その子が答える代わりに隣の子が，「△△くんが，叩いた」と言います。確認すると，泣いている子は頷き，叩いた子はふくれっ面をしています。その子が泣いている子を叩いたことは，誰の目から見ても明らかでした。「どうして叩いたの？」と聞いても，ふくれたまま答えようとしません。「謝りなさい」と言うと，こちらを睨みつけ，「はあ？」と首をかしげました。

　こうしている間にも，最初に立ち歩いていた子はずっと歩き回っています。そのうちに周囲の子と遊び始めました。もう，授業どころではありません。連絡帳や電話で保護者から「どうなっているのか」と問い合わせがくるまでにそんなに時間はかかりませんでした。

　また，ある中学2年生の学級開きの日のことです。

対面の日に，ある中堅の教師（女性）が，新しく担任する教室に入りました。ほとんどの子どもたちは一応着席して，教師を見ていました。離席しているような生徒はいませんでした。

　そこで，教師が自己紹介を始めました。「今度担任になった○○です……」。すると，まだ話が終わらないうちに，「けっ，また女の教師かよっ」と大きな声がしました。声のほうを見ると制服の第1ボタンを外し，脚を投げ出すようにして椅子に腰掛けている大柄な男子生徒がいました。その教師も，最初が肝心とばかりに言い返しました。「何ですか，その口の利き方は！　制服を直して，しっかり話を聞きなさい！」

　すると，「うるせえ！」と生徒は更に教師を上回るような声で言い返しました。まずいと思った他の生徒が他の教師を呼び，間に入ってその場は事なきを得ましたが，その後も生徒の反抗的言動は続きました。

 ## 3　気になる子と学級の荒れ

　全国で起こっている学級が落ち着きをなくすパターンを，時間をギュッと縮めて表現してみました。このように，不適切な行動への初期対応を誤ると，授業や学級そのものが機能しなくなる恐れがあります。小学校では「学級崩壊」，中学校で多く見られる「授業崩壊」の多くはこうしたパターンから始まり，その程度が拡大し，頻度が増すことによって起こっていると考えられます。

　小学校で「学級崩壊」，中学校で「授業崩壊」となるのは，それぞれのシステムの違いです。子どもたちを指導できなくなった教師がほとんどの授業を担当する小学校の学級担任制では，「学級崩壊」が起こり，教科担任制の中学校では，「授業崩壊」が起こります。だから，中学校では，ある教科で荒れていても，別な教科になると普通に授業が成立することがあります。

　小学校でも，高学年になれば一部教科担任制のようになっている学校が多くありますから，小学校の教師でも授業崩壊のような状態になることがあり

ます。力があると見られている担任のクラスでも，専科などの別な教師が担当する授業になると荒れるというのはよくある現象です。専科などの教師に力量があり，担任の力量が低いとその逆も起こります。

　このように，「学級崩壊」や「授業崩壊」の構造はそんなに複雑ではなく，端的に言えば，

教師の指導力の解体

といった性格を強くもっているのです。

　気になる子の問題が注目されるのは，教師の指導力の解体に，気になる子が関与してしまうからです。それでは，気になる子の問題は，どのようにして教師の指導力を解体してしまうのでしょうか。

　図1を見てください。

　これは，気になる子の特徴的な行動が引き金となり，学級の荒れとなって現れる段階を示しています。

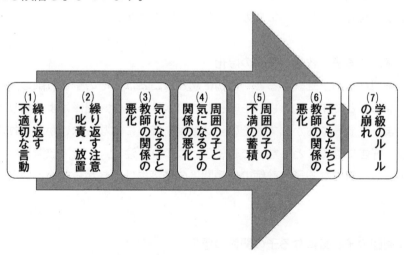

図1　学級の荒れが進行する段階

(1) 繰り返す不適切な言動

　気になる子は，特徴的な言動をします。それは，授業中に立ち歩くことやおしゃべりをすることかもしれませんし，人に意地悪をすることかもしれませんし，学習を怠けることかもしれません。一度や二度，声をかけて改善されるのならば，何ら問題はありません。しかし，それを聞き入れずに繰り返したりエスカレートしたりすることによって，周囲に迷惑をかけることになるので，不適切な言動になります。

(2) 繰り返す注意・叱責・放置

　教師は不適切な言動を改善しようと注意をします。最初は，穏やかに声をかける程度ですが，気になる子は不適切な言動をやめようとはしません。教師のほうもだんだんとイライラしてきて，声かけが注意に，そして，やがて大きな声で叱るようなことも起こってきます。また逆に，この子に言っても仕方ないと放置しておくこともあります。いずれにせよ，不適切な言動はなくなりません。むしろ，エスカレートしていきます。

(3) 気になる子と教師の関係の悪化

　不適切な言動が継続すると，最初に起こることは，その子と教師の関係が悪くなることです。注意されて叱られてばかりいても，関係はよくなりません。また，放っておかれてもその子は教師を嫌いにはならないかもしれませんが，好きになることもないでしょう。つまり，注意，叱責，放置はいずれの場合も，気になる子と教師の信頼関係の構築にはつながらないということです。

(4) 周囲の子と気になる子の関係の悪化

　気になる子が不適切な言動をする度に教師がその子にかかりっきりになり，授業が中断していたら，周囲の子はどのような思いをもつでしょう。最初は，教師に気になる子を何とかしてほしいと期待することでしょう。

しかし，改善しない事態に対し，子どもたちは，「いい加減，授業を進めてほしい」と願うようになるでしょう。そして，やがては「あの子がいるから授業が進まない」「あの子がいなければクラスは平和なのに」，中には，「あの子のせいでみんなが怒られる」と思い，気になる子を「厄介者」のように感じ始めるかもしれません。(3)の段階なら，まだ，気になる子と教師の個人的な関係ですから，好ましい事態ではありませんが大きな問題ではありません。しかし，この段階になると，子ども同士の関係性が切れ始めるので注意しなくてはなりません。

(5)　周囲の子の不満の蓄積

　(4)では，子どもたちの不満の矛先は，そのほとんどが気になる子です。しかし，この段階になると，それは教師に向けられるようになります。不満の表現の仕方は様々です。学習やその他の活動にやる気をなくす子もいるでしょう。提出物を出さなかったり，授業中におしゃべりをするような場合もあるでしょう。また，教師に直接的に反抗するようになったり，気になる子の模倣をするようになるかもしれません。個別の逸脱行動が，集団の「荒れ」に発展していきます。

(6)　子どもたちと教師の関係の悪化

　この段階になると，かなりの割合の子どもたちが教師に対して肯定的な感情をもっていないことが想定されます。だから，指導してもうまくそれが入りません。子どもたちに協力を依頼しても，協力を得ることができません。子どもたちの相当数が，気になる子と同じような状態になっています（実際には少数なのですが，教師には「多く」感じることがあります）。言うことを聞かないから叱る，叱っても言うことを聞かないので更に叱るという悪循環にはまっていきます。

⑺　学級のルールの崩れ

　子どもたちが，朝，挨拶をすること，呼ばれたら返事をすること，授業の準備をしておくこと，着席をすること，時間を守ることなどなど，これらの教室の日常は学級のルールに支えられています。そして，その学級のルールの多くは，教師への信頼によって成り立っています。信頼を失った教師に，教室のルールを維持することや立て直すことは困難です。発言力の強いボス的な子の振る舞いで学級全体が振り回されることになります。教室は落ち着きを欠き，通常の授業は成り立たない状況になります。

　こうやって，気になる子の不適切な言動への初期対応のまずさから，気になる子の特徴的な言動という個別の問題が，学級集団の問題となり，教師の指導力が解体されていきます。

 気になる子とは

　さて，その気になる子ですが，皆さんが気になる子として捉えている子どもたちは，どんな子ですか。勉強ができない子ですか。友だちにすぐに暴力を振るったり暴言を投げつけたりする子ですか，学校に来たがらない子ですか，忘れ物がものすごく多い子ですか。自分の意見が言えない子ですか。それとも，孤立している子ですか。

　気になる子と一言では言いますが，その実態は様々です。気になる子とは，読んで字の如く，主観的な存在です。気にしている教師がいるから気になる子が存在します。したがって，気になる子を測る物差しは，それぞれの教師の中にあるということです。ある子のとても気になる行動も，別な教師が見たら全く気にならない場合もあります。つまり，気になる子は，教師の捉え方がつくり出しているのです。それでは，教師はどんな子どもたちを気になる子として捉えてしまう傾向があるのでしょうか。

先ほど，「勉強ができない子」や「孤立している子」などいくつかの例を挙げましたが，それらに共通することは何でしょうか。気になる子の姿は一様ではありませんが，多くの気になる子が，ある「共通の問題」を抱えていると指摘することができます。それは，

> 人間関係の問題

です。
　「孤立している子」や「暴力を振るい暴言を投げつける子」ならば，すぐに人間関係の問題だと理解できます。しかし，「勉強ができない子」や「忘れ物がものすごく多い子」は人間関係の問題なのか，と疑問をもたれたかもしれませんね。
　それも実は，人間関係の問題と無縁だとは言えません。勉強ができない子は，勉強ができる子の中にいるから問題になるのです。みんなが同じくらい勉強ができなかったら，また，自分しかいなかったら，現状に不満をもつかもしれませんが，大きな悩みにはならないことでしょう。周囲はうまくできているのに，うまくいかない自分がいる，そのことに強いストレスを感じるのです。
　気になる子は，それぞれ自分自身の問題をきっかけにして，人間関係の問題を抱えることによって，不適応状態になっている子だと捉えることができます。ちょっと想像してみてください。勉強ができなくても朗らかにやる気に満ちている子，また，忘れ物がすごく多くてもそのことをきちんと認めることができて改善しようとしている子がいたとしたら，彼らは皆さんの気になる子のカテゴリーに入りますか。全く気にならないことはないと思いますが，それほど気にはならないのが正直なところではないでしょうか。
　気になる子が気になる，つまり，教師にとって感情が波立つのは，クラスメイトに迷惑をかけたり，それを改善したいと思っている教師の願いにもかかわらず，改善されないからです。したがって，

> 気になる子の問題が顕在化する時は，人間関係の問題として顕在化する

という性格があると言えます。

　集中できない子が離席をする，おしゃべりをする，それが気になるのは，授業の妨げ，つまり，他者への迷惑行為になるからでしょう。また，暴力を振るう，暴言を吐くなどによって，人を傷つけてしまうからでしょう。また，勉強ができないことによって，自信を失い，授業中にやる気のない態度を示したり，そのストレスから他の面でも不適切な言動をしたりして，そこから人間関係上の問題を起こすからでしょう。

　そもそも，気になる子を気になる子として捉えるのも，教師と該当の子の人間関係の問題です。しかし，気になることは悪いことではないのです。気になることは，教師がその子の抱えている問題を解決しようとしている姿勢から生まれる感情や見方であることは間違いないのです。教師が子どもたちをどうでもいいと思っていたら，気にならないわけであり，気になる子は存在し得ないのです。

　したがって，気になる子の問題を解決する方法を一言で示せば

 気になる子とその周囲の人間関係の改善

ということになります。

 5　気になる子が特徴的な言動を繰り返すわけ

　それでは，なぜ，気になる子は不適切な言動をするのでしょうか。様々な不適切な言動があろうかと思いますが，多くの不適切な言動の根底には不安があると考えられます。不安とは文字通り，安心ができない状態のことです。私たちは，欲求が充たされている時に安心します。私たちのもつ欲求を理解するには，マズローの欲求階層の考え方が役に立ちます（図2参照）。

図2　マズローの欲求階層

　人間の欲求は5段階のピラミッドのように構成されていて，低次の階層の
欲求が充たされると，より高次の階層の欲求をもつというあまりにも有名な
理論です。これらの欲求が充たされない時に，私たちは不安になります。生
理的欲求が充たされない時，例えばお腹が空いた時。安全欲求が充たされな
い時，例えば傷つけられたり無視されたりしている時。所属欲求が充たされ
ない時，例えば仲間が居ない時。承認欲求が充たされない時，例えば誰も認
めてくれない時。自己実現の欲求が充たされない時，例えば自分の能力が活
かされず，創造的な活動ができていない時……教室では様々な場面が想定さ
れます。

　不安を感じた子どもたち全てが不適切な言動をするわけではありません。
お腹が空いた時，教室の気温が高い時に，「先生，お腹空いた」とか「何だ
か今日は暑いなあ，もう〜」と言っていれば何ら気になる言動ではありませ
ん。しかし，お腹が空いたり，暑いからといって学習を怠けたり，人に当た
ったりするから気になる言動になってしまうわけです。不安が気になる言動
として認知される時は，人間関係の問題として表面化します。欲求が充たさ
れないことによって生じる不安は，多くの場合，

教室では所属の問題として現れる

のです。したがって，気になる子の多くは，心の居場所の問題を抱えている
と言えるでしょう。

　空腹や睡眠不足だけでは，居場所の問題になりません。しかし，朝ご飯を
食べさせてもらえないとか，家庭の事情が不安定で眠れないなどの問題は，
子どもたちの心の居場所の危機です。学校生活に影響を及ぼすことでしょう。
また，いじめられていたり，孤立したりしている子が心の居場所がないこと
は，理解が容易いことでしょう。嫌がらせや悪口だけでなく，孤立させられ
ていることも，ある意味，侵害行為です。安全が確保されていません。安全
ではないところを居場所だとは感じることはできないでしょう。では，勉強
ができない子はどうでしょう。勉強ができない子は，勉強ができないことに
よって心の居場所を失います。勉強ができないという経験をしたことがない
人には理解しづらいかもしれませんが，とても肩身の狭い思いがします。勉
強ができると，勉強ができない時に比べて，人に認められたり承認されたり
することが増えるので，そこに居場所ができます。

　また，居場所を奪われるのは，傷つけられる時や認められない時だけでは
ありません。マズローの欲求階層では，所属欲求を「所属と愛の欲求」とも
言います。つまり，愛されないことも心の居場所を失うことになります。気
になる子どもたちは，何らかの理由によって，傷つけられたり，愛されなか
ったりして心の居場所を失っていると考えられます。

　傷つけられたり，認められなかったりして心の居場所を失っている子は，
受け身でいるだけではありません。いじめを繰り返す子は，一見，傍若無人
な振る舞いをしていますから，居場所は十分にあるだろうと思われがちです。
しかし，心の居場所がないから人をいじめるという見方もできます。本当は
他者と適切な方法でかかわりたい，しかし，その方法がわからないか，それ
ができない，したがって，今，自分にできるやり方でかかわりを求めてしま
っていると考えられます。孤立していることと同じなのです。

また，授業中に立ち歩く子やおしゃべりを繰り返す子も同じです。普通にしていたら誰も自分の相手をしてくれない，しかし，授業中に不適切な言動をしたら，先生が注意してくれるのです。では，注意されたり叱られたり，時には嫌われたりしながらも，子どもたちは何をそんなに欲しているのでしょうか。それは，

 周囲（とりわけ教師であることが多い）の注目や承認

と考えられます。注目や承認は，愛されることの入り口です。子どもたちの心理状態を端的に表現すると，次のようになります。

> **注目や承認を得るためならば，注意されても，叱られても，嫌われてもいい，無視されるよりはマシ。**

　怒りや嫌悪などは，形を変えた愛であることは説明の必要がないでしょう。気になる子たちが，どんな原因から不適切な言動をするようになったのかはわかりません。子どもたちのもつ背景は複雑で多様で，特定することは困難です。しかし，「何のために」不適切な言動をするのかは，ある程度，想定できるのです。

　気になる子は，他の子どもたちのように，授業中に着席して学習活動に集中するなどの普通の行動をしていると無視されているように感じてしまうことがあるのです。しかし，だからといって，学習をがんばる，みんなの役に立つなどの適切な行動は，ハードルが高すぎるとも感じているのです。不適切な言動をする子には，「先生，おはよう」と「普通に」挨拶をするよりも，「くそばばあ」と言ったり，「うるせえ！」と言ったりしたほうが，手っ取り早く注目を得ることができると学んでしまっている場合があるのです。

　本章冒頭の２つの事例では，子どもたちの不適切な言動に対して，丁寧に対応する，注意する，叱るなどの方法で注目し，それらの行動を強化していると考えられます。小学校の事例では，そのシステムができあがっていく様子を描写しました。中学校の事例では，できあがったシステムに教師が取り

込まれる様子を描写しました。

　子どもたちが継続的に不適切な言動をするには，図3の5つのパターンがあると考えられます。それぞれに応じて，対応をします。

①自分の言動が不適切であることを知らない	②より適切な言動を知らない	③適切な言動が注目されていない
④不適切な言動をした時に肯定的に注目されている	⑤不適切な言動をした時に否定的に注目されている	

図3　不適切な言動をするパターン

　①，②の場合は，その言動が不適切であることや適切な言動を教えます。③の場合は，適切な言動を見つけてフィードバックすることが中心となります。時間がかかり，解決が困難なのは④と⑤です。これらの場合は，不適切な言動で注目や承認を得ることができると学んでしまっています。④の場合は，不適切な言動がほめられたり，称賛されたりしています。教師が進んでやることはあまり考えられませんが，うっかりやってしまっていることがあります。宿題を忘れてもそのままにしておいたり，ルール違反を見逃したりすることです。また，⑤の場合は，不適切な言動を注意することや叱ることで結果的に注目を与えてしまっている場合です。

　不適切な言動で注目や承認を得ることを学んでしまった子どもたちには，

 不適切な言動をしなくても，注目や承認を得ることができることを再学習させることが必要

です。その最初の一歩が，支援者である教師と良好な関係を結ぶことなのです。不適切な言動をしてしまう行動パターンでは，子どもだけの力でそれを

106

やめたり，不適切な行動が強化されてしまっている構造から抜け出すことは困難です。それには，他者の力が必要なのです。それができるのは，良好な関係性を構築した他者なのです。良好な関係を構築した他者だからこそ，彼らに影響力を及ぼすことができるのです。

　気になる子は，適切な言動をすることに対して自信を失っていると考えられます。適切な言動を学ぼうとしないし，知っていてもできるような気がしないのです。彼らに自信をつけることができるのは，良好な関係性を構築した他者なのです。

　その子を支援することと，その子と良好な関係性を構築することは同時進行です。気になる子と信頼関係ができると，気になる言動は軽減することが多いです。気になる言動を教師が気にしなくなるので，それを強化しなくなるからです。しかし，気になる子と良好な関係をつくるのは，「ほんの入り口」です。その段階をクリアした教師が，気になる子とクラスメイトをつなぐという次の段階に進むことができるのです。気になる子の支援のゴールは，気になる子を気にならない子にすることではありません。

 その子のもつ問題（困り感）の軽減や解決をすること

は言うまでもないことでしょう。

　本章で紹介する書籍にある全ての実践に共通していることは，教師が気になる子と確かな信頼関係を築くことが意識されていることです*。

　それぞれの実践家たちは，

 気になる子との信頼関係の構築抜きに道は開けない

ことをしっかりと自覚しているのです。

☑ 学級を最高のチームにするチャレンジ

　気になる子の指導が成功するのもしないのも，気になる子との信頼関係を構築できるかにかかっています。信頼関係ができていると感じているならば，今，やっていることを続けてください。しかし，もっと改善したいなあと思う場合は，下記の項目で振り返ってみてください。そして，変えられるところを変えてみてください。同じことをしていたら変化は起こりません。うまくいっていない場合は，うまくいっていないことをまずやめることです。そして，うまくいくことを見つけ出してそれを続けることです。

☑ ① 気になる子を一人思い浮かべてみてください。

　その子のどんな言動が気になりますか。その子の気になる言動を目の当たりにした時にどんな感情が湧きますか。その時の自分の感情をモニターしてみてください。

☑ ② その子にどんな支援をしていますか。

　その支援がうまくいったのはなぜですか。また，うまくいっていなかったとしたらそれはなぜですか。自分なりに分析して，言葉にしてみましょう。不適切な言動が続いているとしたら，その不適切な言動に注意や叱責を続けるなどして，注目をしていませんか。また，それをしていない場合でも，放置になっていませんか。その子は，それが不適切な言動であることを知らないかもしれません。その場合は，それが不適切であると叱らずに，教えてあげましょう。また，その言動を知らないのかもしれません。その場合は，より適切な言動をやはり叱らずに教えてあげましょう。

☑ ③ 不適切な言動に注目していませんか。

　不適切な言動が継続する場合は，不適切な言動に注目してしまっている場合があります。不適切な言動をほめる（肯定的な注目）教師はいないことで

しょう。しかし，私語をしてはいけない時にその私語に取り合ったり，おしゃべりに付き合ったり，不適切な（笑いにしてはいけないネタを笑う，笑っていい場面ではない場面で笑うなど）ウケねらいの発言に笑ってしまったりすることはあろうかと思います。それらは全て，不適切な行動に肯定的な注目をしていることになります。子どもたちの中には，上手にそうしたスキを突いてくる子がいます。

　また，その子が不適切な言動をする度に注意をしたり，叱ったりしていませんか。不適切な言動に注意をしたり，叱ったりすることは，否定をしてはいますが，やはり注目をしていることになります。上記の不適切なウケねらいの発言を注意した場合，それは否定的ながらも注目していることになります。

☑ ④　教育的スルーと無視を混同していませんか。

　不適切な言動に「注意するな」と言われると，「どうすればいいのだ」と混乱する人もいるでしょう。不適切な言動を見かけたら，声をかけてもいいと思います。それでやめてくれるなら，その子は「気になる子」にはならないことでしょう。先ほど述べたように，子どもたちは，その言動が不適切であるとわからなかったり，より適切な言動を知らなかったりする場合がありますから，その時は，教えてあげればいいのです。したがって感情的になる必要はありません。

　しかし，声をかけても不適切な言動が継続する場合は注意が必要です。注意をしたり叱ったりすることが，注目という報酬になってしまう子です。その子どもたちには，教育的にスルーをします。相手にしません。にこやかにです。怒った表情でそれをやると注目していることと何ら変わりありません。教師の行動だけ見ると，無視をしているように見えます。しかし，無視とは愛を示さないことです。教育的スルーは，その子の成長や適応，つまり幸せを願って敢えて無視をします。したがって「愛のある無関心」と言えるかもしれません。

✓ ⑤ 適切な言動に注目していますか。

　気になる子が不適切な言動をするといっても四六時中，不適切な言動をしているわけではないはずです。その子の適切な言動を探してみましょう。よいところがあるはずです。また，よくないとしても少なくとも悪くない言動も多くしているはずです。その時は，積極的にかかわりましょう。嬉しそうに話しかければいいと思います。イラストが得意だったら「楽しそうに描いているね」，ゲームが好きだったら「最近はまっているゲームは何？」などと声をかけてみましょう。

　かかわる場面が注意や叱責する場面ばかりになっていませんか。また，その子が適切な言動や不適切ではない言動をとっているときにはかかわりがなかったりしてはいませんか。それでは，その子とよい関係になれるはずがありません。考えてもみてください。自分の悪いところばかり見て，よいところを見てくれない人とあなたはつながろうと思いますか。思いませんよね。子どもたちも同じです。

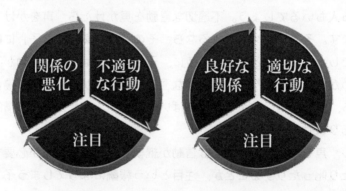

図4　行動強化のサイクル

　これは，気になる子との関係づくりにおいてのみに限ったことではありません。私たちの人間関係が悪化する時は，図4の左のサイクルが回っています。また，良好になる時は，右です。右のサイクルが回り始めれば，気になる子の支援は，8割は成功したと言えます。

110

『気になる子を伸ばす指導　成功する教師の考え方とワザ　小学校編・中学校編』

　　　　　　　　　学校支援をしていると先生方の相談にのることが多い。学級経営上の悩みは，気になる子の問題として話題となる。ともすると生徒指導上の問題行動や発達障害による特徴的な行動をどうするかという話になるが，問題や特徴だけを見ていては，その軽減はないだろう。気になる子を支援するには，やり方は必要ではあるが，彼らは，教師のやり方よりもあり方に注目している。あり方と合致したやり方をもった教師に心を開くのである。心を開き合うことなくして，彼らに寄り添うことはできない。

　実践編では，小学校編を近藤佳織，宇野弘恵，和田　望，飯村友和，澤村力也，松尾英明，小野領一，西村健吾，中学校編を岡田敏哉，大谷啓介，山本宏幸，清水謙一，堀川真理，吉樂泰子，野村　薫，海見　純の錚々たる顔ぶれが，気になる子に寄り添う考え方と技術を赤裸々に紹介している。愛情にあふれた細やかさと大胆さで，気になる子とつながり，彼らの力を引き出していることに深く納得させられる。読んだ方からは「感動した」「途中から涙が出てきた」という声も聞かれる。教室に密着したインクルーシブ教育の実践書としても，学びの多い一冊となることだろう。

＊　赤坂真二編著『気になる子を伸ばす指導　成功する教師の考え方とワザ　小学校編・中学校編』明治図書，2015

第**6**章

PERFECT GUIDE

つながることが難しいといわれる
思春期をどう理解し、
どのように信頼関係を構築するのか？
思春期の子どもたちとの絆づくりは、
学びの宝庫。

ONOGAKKYUZUKURI SAIKONOGAKKYUZUKURI SAIKONOGAKKYUZUKU

少しの丁寧さが
思春期との絆をつくる

思春期の子どもたちとの付き合いは得意ですか？

　最初に，２つのエピソードをお読みください。一つ目は，ある中学校での話です。

　私が通りかかると，180センチくらいはあろうかという男子生徒が，理由はわかりませんが大きな声で叫んでいました。状況から察するに，友達とふざけ合っているうちにそれが度を過ぎてしまい相手を傷つける言葉を言ってしまい，そこを教師に注意されたことが気に入らず，怒りを露わにしていたようです。

　目の前にいた注意をした女性教師は，彼をなだめようとしていましたが，150数センチくらいの彼女と，その生徒では体格差がありすぎます。興奮した男子生徒を相手するには困難が予想されました。すぐに男性の支援員さんが駆けつけて，生徒に声をかけました。その支援員さんと生徒のやりとりです。

「おお，〇〇（生徒の名前），どうした〜？」

「うるせえ，◇◇（支援員の名前），お前には関係ねえ〜！　あっち行け！」

　支援員さんは，それでも穏やかな表情で近づきました。

「◇◇，それ以上，近づくな！近づいたらぶっ殺すぞ！」

「ああ，わかった」

　更に，支援員さんは近づきました。

「俺に触るな！　触るんじゃねえ！」

「わかった，ちょっとあっち行こう。な，みんな見ているから」

「うるせえ，殺す，殺す，殺す！」

しばらく叫んでいましたが，他の職員も駆けつけたため，分が悪いと判断したのか，彼は別室に連れて行かれました。

次は，ある小学校での話です。

6年生が，プール掃除をしていました。担任は，6年生がプール掃除をすることの意味を学級指導でよく話した上で，活動を始めました。最初は，みんなが真面目に取り組んでいました。しかし，途中で3人の女子が水かけっこのようなことを始めました。それを見かけた若き男性教師は，このままでは他の子どもたちに示しがつかないと思い，彼女たちを一喝しました。

「何やっているんだ！」

彼女たちは，一瞬ふくれたような顔をしましたが，水かけっこをやめて，その後はプール掃除を続けました。しかし，その次の時間のことです。叱られた女子3名は，授業に出ませんでした。見つけ出して理由を聞くと，

「やる気がしなかった」

とのことでした。それ以上聞いても「別に……」を繰り返すだけでした。それからその3名は，事ある毎に担任に反抗的な言動をしました。時には，コソコソ話をしたり，時には，あからさまに態度に示したりして。

担任は，その3名に気を遣い学級のルールを徹底することが難しくなりました。すると，今度はそれまでうまくいっていた男子と担任の関係もぎくしゃくし始めました。

「女子に甘い」

と，担任を批判する男子が出てきました。同じことをしても男子は叱ら

れるのに，女子は許されたり，叱り方がゆるかったりしたからです。卒業学年で，教師は張り切って学級経営をしようと気合いを入れて臨んだ一年でしたが，大変苦しい時間になったとのことです。

　どちらも，実際にあった話です。中学校で勤務したり，小学校の高学年を担任したりすれば遭遇し得ることでしょう。皆さんは，教師として，小学校と中学校のどちらか一方で働くことの選択を迫られたら，どちらを選びますか。また，小学校の教師ならば，低学年と高学年のどちらかを選ばなくてはならないとしたら，どちらを選びますか。中学生だったら，何年生を担任したいですか。恐らく，その判断基準の何％かに，思春期というものの存在が影響するのではないでしょうか。

　思春期の指導は難しいといわれます。小学校ではその難しさから，「高学年は担任したくない」と本音を漏らす人もいます。小学生と中学生を指導するならば，中学生のほうが難しいという印象が世間一般にはあるようです。その中学生についても，「中２病」と呼ばれるこの時期を中心とした特有の状況があるようですが，これなども思春期の理解の難しさを表したものではないでしょうか。

　小学生と中学生の指導のどちらが難しいかという議論は，個人の主観に深くかかわる問題ですので，あまり議論しても意味がないように思います。したがって，どちらかが難しいと断じたら必ず議論が起こるでしょう。一方で，思春期の指導が難しいか難しくないかといったらどうでしょう。世間一般のイメージでは，難しいといっても問題はないかもしれません。しかし，これも当事者である教師にとっては，意識の問題なのかもしれませんが……。

　小学校の教師でも，「低学年の訳わからない感じに比べたら，高学年のほうがまだいい」という人もいますし，中学校の教師は「思春期ってそんなものだ」という人もいるし，「あの訳のわからなさが好きだ」という人さえいます。ただ，人の発達において，思春期と名のついた特別な時期があり，そこに世間一般にある特有のイメージが付随しているということは，やはりこ

れは，教師にとってしっかりと向き合って理解しておくべき問題ではないかと思います。

　それでは，思春期とは一体何なのでしょうか。

 ## 思春期と学級集団づくり

　思春期とは，通常，第二次性徴の始まりから終わりを指します。ということは，体の特徴的な変化をもってこの時期が規定されていると言えます。体の変化だけならば，小中学校の教師としてはあまり，難しさを感じなくてもいいでしょう。問題は，変化は体だけでなく，心にも起こるということです。

　その外部には見えにくい心に起こる変化が，周囲のあり方と摩擦を起こし，人間関係などの問題として顕在化します。一人で複数の子どもたちを相手にする教師，また，学級集団づくりをする教師の難しさは，変化している子が一人ではないということです。摩擦を起こしている子がたった一人であり，周囲が安定しているのならば，問題は複雑化しません。その子の変化に伴う不安定さを，安定した周囲が受け止めてやることができるからです。

　しかし，思春期は子どもたち全員に訪れます。多くの子が不安定な状態におかれることでしょう。全員が同じ方向に揺れるならば，摩擦は起こらないでしょうが，そんなことはあり得ません。思春期の影響は，十人十色だからです。始まりも終わりも，その質もバラバラです。つまり，みんなが違った方向に揺れるような状態です。ですから，それだけ摩擦も大きくなります。

　思春期前と思春期の学級集団づくりを比べて，後者の難しさを挙げるとするならば，その一つとして，一人ひとりが不安定な状態にあることが挙げられます。一人ひとりの不安定さが，学級集団における摩擦を大きくします。ここで言う摩擦とは，学級集団における人間関係に起因する問題です。

　反抗的になるとか，女子がグループ化するなどの発達に伴う変化やそれに伴う葛藤は，否定できるものではないし成長として受け入れるべきものです。教師として対応を迫られるのは，そうした変化によって引き起こされる不具

合です。これは放ってはおけません。

 関係性の不具合は，集団の生産性に強く影響する

からです。集団における生産性とは，教育活動の達成状況です。それは，学力が上がったり，各種行事がそのねらいを達成したりすることです。集団が機能しなくなったら教育活動が成り立たなくなります。

　日本の教育は，集団という形態をとって学ぶシステムです。極端な例を挙げれば，学級崩壊している集団では，学力は上がりません。また，整列ができない，話を聞くことができない，ルールが守れない集団が，修学旅行や運動会などの行事で充実感を得られるとも思いません。

　本シリーズのあちこちで繰り返し述べられていることですが，教師がまず向き合わなければならないのは集団を機能させることです。しかしこれは，個の育ちを疎かにしていいという話ではありません。むしろ，全く逆です。

 集団が機能するからこそ個が育つ

のです。よい家庭でよい子が育つ可能性が高いようにです。

　「衣食足りて礼節を知る」とよく言いますが，よい環境がよい行いを生むのは事実でしょう。人には主体性というすばらしい能力がありますから，逆境で人に尊敬される人柄や適切な行動を身に付けることはあり得ます。それは，事実としてはあることですが割合としては少ないことではないでしょうか。教育としては，どんな状況にあろうとも，立派な行動ができる個を育てるべきなのかもしれません。しかし，圧倒的に多くの子どもたちは，環境から影響を受けて成長するのです。機能する集団の中で，学力をつけたり，他者と協力をする能力を磨いたりすることが可能になります。

 よりよい個を育てるために機能する集団を育てる

のです。そのための合理的な戦略として，学級をチーム化するのです。

　思春期は，学級をチーム化することにおいて，とても脆い状態にあるとい

うことです。冒頭に示した事例のようなことが日常的に起こっていたら，子どもたちは安心して学ぶことはできません。しかし，一方でその不安定さは，成長前の揺らぎと捉えることもできます。

 ジャンプする前に屈むように，その後には飛躍の時が控えている

のです。思春期の子どもたちの学級集団づくりをしていくためには，その不安定さがどこからくるのか理解しておく必要があるでしょう。そして，その不安定さを飛躍に導くことが教師の仕事ではないでしょうか。

 3　不安定さは突然「見えるようになる」ことからくる

　「三つ子の魂百まで」といわれるように，幼年期に子どもたちの人格はほぼできあがるとの主張もありますが，一方で，大人のような考え方をするようになるのは，10歳前後という見方もあります。本書では，この立場を支持します。所謂「10歳の壁」と呼ばれる時期を越えた辺りと思春期は深いかかわりがあると捉えています。

　この時期に何が起こるかというと，認知能力の飛躍的な成長です。

　皆さんは，いかがですか。今まで見えなかったことが，見えるようになったら，何を思いますか。徐々にそれが起こるならばいざ知らず，突然，自分の背後が見えるようになったらどうでしょう。突然，壁の向こうにあるものが見えるようになったらどうでしょう。戸惑いませんか。

　思春期の不安定さは，今まで気づかなかったことやいろいろなことがわかるようになって，解釈や理解が追いつかないことからくるのではないかと考えています。

(1)　他者目線で自分を見る力の発達

　最もよく指摘されるのが，他者目線で自分を見ることが可能になるということです。所謂，メタ認知の力です。それに伴い，自己の相対化が進みます。

自分と他者の比較を強く意識したり，だから，それまで気づかなかった自分のダメなところがわかるようになります。

　自分の能力的なこともそうですが，容姿や家庭環境なども，今まで気にならなかったことに気づきます。「○○ちゃんに比べてかわいくない」とか「△△くんの家に比べて自分の家はお金がない」などのことを考えるようになります。したがって，この時期から自尊感情が顕著に下がってくることも指摘されます。また，一方で，「運動は苦手だけど，絵は上手い」などのように，複数の視点で自分を評価できるようになります。

　小学校３年生くらいまでは，家庭環境にハンデがあっても，溌剌と学校に通い，学習に励む子どもたちがいます。しかし，そんな彼らが４年生くらいから，やる気に陰りを見せたり生徒指導上の問題を起こしたりしがちになる場合があります。今まで見えなかった「荒み」が顕在化してくるのがこの時期だといわれています。

　また，主観的な自分と客観的な自分を理解できるようになります。「ぼくは自分のことをこう思っているけど，みんなはそう思っていないようだ」とか「みんなはぼくのことをそう言うけど，ぼくはそうは思わない」などの思考ができるようになります。更に，時間軸の中での自分も捉えることが可能になります。「今のぼくはこうだけど，将来はこうなっているだろう」といった思考ができるようになります。思春期前は，「今その瞬間」を生きていた子どもたちが，「明日やこれからのこと」を考え始めるわけです。

　これらのことを踏まえて，次のような対応が求められるでしょう。

① 多様な観点で評価する。学習や運動など評価しやすいことばかりではなく，思いやりや主体性，自発性，努力，貢献，ちょっとした伸びなど，目立たない部分も評価するようにする。
② 他者との比較ではなく，その子の個性を認め，固有の価値や尊さを見つける。
③ 友だち同士の「ほめ合い」などの活動を一つの方法として，肯定的な他者評価に触れさせる。他者が肯定的に自分を見ていることを自覚させると同時に，他者への信頼感を育てるようにする。
④ 「あなたはあなたのままで十分にすばらしい」と伝えながら現在のよさを踏まえた上で，「あなたならこうなれる」「これを続けたらこうなるよ」「これができるようになるよ」などの明るい希望をもたせるような助言をする。

　つまり，自尊感情を下げないようなコミュニケーションをし，自尊感情の高揚を実感するような場を日常的に設定していくことが大切です。

(2) 感情のコントロールが難しくなる

　認知能力の飛躍的向上は，自他の感情を読み取る力も引き上げます。自分に対しての喜怒哀楽も認識する一方で，他者の喜怒哀楽もしっかりと認識するようになります。しかし，他者の感情の読み取りは，主観的なものなので，「独りよがり」になることがあります。つまり，正確ではないことがあります。そうすると，他者の顔色をうかがって言いたいことややりたいことを我慢することも起こります。

　その結果，過剰に周囲に気を遣ったり，逆に，感情を抑えきれずにコントロールができなくなるようなことも起こります。不安定になっている時は，教師が理解不能な行動をするかもしれませんが，本人たちも混乱して自分のことがよくわからなくなっている可能性があります。

　冒頭に示した中学校の事例ですが，暴れていた子は，教師や支援員に「殺

す」などと言ってはいけないことは百も承知のことでしょう。普段はお茶目なところもある愛すべき少年なのだと思います。しかし，スイッチが入ってしまうと自分でどうすることもできません（本人がそう自覚している可能性もあります）。「どうして，あんなこと言ったの？」「なぜ，あんなに暴れたのか」と問われても，本人には説明できない可能性が高いです。

　これらのことを踏まえて，次のような対応が求められるでしょう。

① 教室内に何でも言える雰囲気や信頼関係を構築する。

② 感情的になっている時は，その理由や経緯を本人もよくわかっていないことがあるので，理詰めで指導しない。

③ 感情的になって不適切な言動をした時は，行為については指導をするが，感情については否定せず，受け止める。

④ 不適切な言動を指導する時は，感情を共有する。感情を共有するには，感情を言語化するのも一つの方法である。

⑤ 複雑な感情を感じ取ることができていても説明できないことがあるので，教師が感情を表現する言葉を多く知っていることが望ましい。

⑥ 子どもたちの感情を決めつけないようにする。こちらからどんな感情だったか聞き出す時は，「〜だったの？」「〜かな？」などと質問形式にすることが望ましい。

（例）　「さっき，○○くんを殴っちゃったのは，殴りたいほどむかついたからなの？」

　　　　「さっき，泣いていたのは，不安だったのかな？」

⑶　友だち優位になる

　教師との関係性よりも友だち同士の関係性を重視するようになります。友だちのために何かをしたいと強く思う一方で，友だちがいるからこそのトラブルも増えてきます。また，逆に，友だちがいないことが教室内でのステイ

122

タスを下げたり，それに伴う強いストレスを感じたりする場合があります。冒頭に挙げた小学校の事例では，恐らくプール清掃中に遊ぶことや授業をさぼることに対して，抵抗があった子もいたはずです。しかし，仲間の誘いには抗えなかったのでしょう。

　自分に関心が集中していた時期から，他者に関心が向かう時期に入るので，思いやりが育つよい時でもあります。しかし，かかわりが増え，深まる一方で，友だちがらみのトラブルが起こりがちになります。「今その瞬間」を生きる思春期前の時は，意地悪も嫌がらせも一過性で終わる可能性があります。しかし，長期の見通しがきく思春期になると，意地悪や嫌がらせが長期化する恐れも出てきます。それに応じて，陰湿ないじめにエスカレートする可能性もあるのです。

　これらのことを踏まえて，次のような対応が求められるでしょう。

① 教室に対等な関係性を構築する。
② 孤立傾向の子には，友だちができるような支援をする。
③ 教師の直接介入による仲間づくりは，ほとんど功を奏すことがないと自覚し，協力的活動（学び合うことによる学習活動やイベントの計画）や仲間支援活動（子ども同士の悩み相談）などを仕組み，間接的支援にコストをかける。
④ いじめ指導においても，教師の直接的指導をきっかけとして，子どもたちの自治的活動によるいじめ抑止，防止の活動を仕組むようにする。

4 誰が言うか

　子どもたちは，社会的にも発達的にも「弱い」存在です。「守られながら生きる」ことから人生を始めています。だから，ルールに従って生きるというよりも，人に従って生きる傾向をもちます。自分を守ってくれるのは，決

まりではなく，父や母，家族であることを学びながら大きくなるからです。つまり，「何を言うか」より「誰が言うか」を重視するのです。

　そして，思春期は，認知能力の飛躍的向上から，自分自身に対する見方同様に，他者に対する見方も精度が増します。その「誰が言うか」の「誰」を見極める精度も高くなるわけです。つまり，

「誰」になるかのストライクゾーンが狭くなる

と言えます。

　一人ひとりとの確かな信頼関係の構築が，思春期指導の成功の鉄則です。「この先生が言うんだから，仕方ないなあ」と思わせるくらいにつながることがポイントになります。そのためには何をすべきかが，次のエピソードに示されていると思います。

　ある小学校で6年生と給食を食べました。一人の女子が，長い髪で片目を隠し，教室内でマスクをしてフードをかぶっていました。話しかけると最初は目をそらしました。しかし，徐々にこちらに興味をもってきたようで，「アニメ見る？」と聞いてきました。私は，あるアニメのタイトルを言いました。すると少し笑いました。

　「主人公の名前知ってる？」

と尋ねると，

　「シンジでしょ？」

と答えました。

　「俺も，シンジ，よろしく」

と笑うと「マジ！」と手をたたいて笑いました。しばらくすると，自分のお気に入りのキャラクターの切り抜きをはさんだファイルを見せ，そこにサインしてほしいと言いました。

　「こんな大事な物にしていいの？」

と聞くと，「うん」と頷きました。彼女の後ろには，他の子どもたちの行列

124

ができていました。

　給食が終わり，校長室に帰って校長先生と話していると，ノックの音がしました。入ってきたのは，フードの彼女でした。

　「あの，さっきは，言えなかったんだけど，本当にサインしてほしかったのは名札。ここにして」

と言って名札を差し出すと，フードを取りマスクを外し，髪をかき上げて顔を見せてくれました。12歳のあどけない表情でした。

　「私のかかわり方がよかった」という話ではありません。この事実をつくってくれたのは担任とクラスメイトです。そして，マスクを外させたのは担任の一言でした。校長室で，彼女が私に最後のお願いをしたときに，すかさず担任が言いました。

　「○○さん，ほら，ものを頼むときは，それなりの態度ってものがあるでしょうが〜」

　それを聞いて，彼女ははっとして，マスクを外したのでした。また，給食を食べながら，クラスメイトが，「彼女がいつからフードをかぶり始めたか」だけでなく，「普段はどんな子なのか」「何が得意なのか」など彼女のよさについても教えてくれました。

　彼女が，なぜフードをかぶり始めたかは，わかりません。なぜマスクを外せないのかもわかりません。それは，担任もクラスメイトもわかっていないようでした。恐らく，彼女自身もわかっていないのではないでしょうか。ただ，わかっていることは，「今の彼女にフードとマスクを外すことはできない」ことと，「マスクとフードがあれば教室にいられる」ということです。そして，最も重要なことは，この教室にいるみんなが，それを理解していることでした。

　「そんな身勝手は許さないほうがいい」「中学校に行ったらそれは許されない，だから外させるべきだ」など，「こうすべき」という論で迫ったら，いくらでも理想論は言えるでしょう。きっとここまで何度も，彼女にフードと

マスクを外させる指導があったはずです。彼女だってそうしたいことでしょう。でも，「今はできない」のです。フードとマスクは，彼女がそこにいるための「ベストな選択」だったのかもしれません。そして，それを周囲が尊重した結果だったと思います。

　思春期の子どもたちの信頼関係づくりは確かに難しいです。しかし，それだけに私たちが学ぶべきことがたくさんある，人間関係の学校とも呼ぶべき営みなのです。

☑ 学級を最高のチームにするチャレンジ

　思春期の子どもたちの力を引き出すためには，彼らと信頼関係を築くことです。彼らは，誰が言うかの「誰」になることができる人と信頼関係を築きます。信頼関係を築くポイントは前述しましたが，ここではその具体例を挙げたいと思います。

他者目線で自分を見る力（メタ認知能力）の発達に対して

☑ ①　多様な観点で評価する。学習や運動など評価しやすいことばかりではなく，思いやりや主体性，自発性，努力，貢献，ちょっとした伸びなど，目立たない部分も評価するようにする。

　例えば，子どもたちの中には，やろうとしたけど他者の視線が気になってやめてしまう子がいます。例えば，清掃の時に欠席の子の机を下げようとしていたけど，周りをチラリと見てやめた場合。他者の目を気にしているわけですから，みんなの前ではほめません。個人的に「さっき，休んだ〇〇さんの机を下げようとしてくれたね。ありがとう」というようにさりげなく声をかけます。これは，やろうとしたこと，主体性や自発性に注目した声がけです。また，テストでよい点を取ったときなどは，「えらいねえ，〇点だったね，やったね！」と言うよりも，「がんばったね。どれくらい勉強した？」などのように，結果よりも努力に注目します。また，「えらい」などと上からご褒美を与えるようなほめ方は避けたいところです。勉強することは，自分のためです。「えらい」などと他者が評価することではありません。関係性がよい時はいいですが，普通は，年頃の子はそうした評価を喜ばないことがあります。

☑ ②　他者との比較ではなく，その子の個性を認め，固有の価値や尊さを見つける。

　教師が誰かと比較して「〇〇よりうまい」とか「〇〇より速い」なんて声

をかけることをあまり聞いたことがありませんが，家庭ではそうした評価を当たり前に受けている可能性があります。「お兄ちゃんより……」とか，「いとこの○○ちゃんより……」というようにです。学校では，その子そのものを認める声かけをしたいものです。「○○さんに任せると安心だよ」「前から思っていたけど，○○さんのイラストって引きつけるね」などと，誰かと比較することなく認めます。

③　友だち同士の「ほめ合い」などの活動を一つの方法として，肯定的な他者評価に触れさせる。他者が肯定的に自分を見ていることを自覚させると同時に，他者への信頼感を育てるようにする。

　肯定的に認め合う時間を定期的に設定します。活動や学習の振り返りの時間に「目的の達成のために，ステキだと思ったことを伝え合おう」のように声をかけます。4人グループで活動したら，他の3人から認める言葉をかけてもらいます。全員に言ってもらったら終了です。

④　「あなたはあなたのままで十分にすばらしい」と伝えながら現在のよさを踏まえた上で，「あなたならこうなれる」「これを続けたらこうなるよ」「これができるようになるよ」などの明るい希望をもたせるような助言をする。

　例えば，絵を描いてきたとします。教師に見せた時に，「う〜ん，ここのところをもっとこうすれば……」と言いたくなる気持ちを抑えて，まずは，現状を認めます。その上で，更に先を示します。「ここのところの色，工夫したね。時間かかったでしょう。あとさ，ここのところを更に色を重ねると立体感が出るんじゃないかな」というようにです。生徒指導場面も一緒です。友だちを傷つけるような一言を言ってしまった時に，いきなり叱るのではなくて，「○○さんの優しさを，先生はわかっているつもりだよ。言い方を少し変えたら，その優しさが伝わると思うよ」というように話します。

「感情のコントロールが難しくなる」ことに対して

☑ ①　教室内に何でも言える雰囲気や信頼関係を構築する。

　まずは，教師の明るい自己開示が大切です。自分の子どもの頃の話，家族の話，趣味，価値観などを普段から明るく伝えておきます。そうした教師の自己開示の上に，子どもたちが互いに話をする機会を設定します。例えば，ホワイトボードにお題を書いて，ペアで話をする時間（1〜2分）をつくります。お題は何でもいいです。「今までの人生で，一番まずかったもの」「もしも，100万円あったならば」などなど。「先生は，○○ですねえ。では，皆さんは？　それでは隣の人と，どうぞ」のようにです。

☑ ②　感情的になっている時は，その理由や経緯を本人もよくわかっていないことがあるので，理詰めで指導しない。

　例えば，感情的になってしまって「死ね！」と言ってしまった子がいるとします。大抵の場合，一時的な感情の盛り上がりによってそれを言ってしまっているので「どうして言ったの？」などと聞いても，まともに答えが返ってこないでしょう。だから，「何かあったの？　よかったら先生に言ってみない？」と静かに尋ねてみましょう。

☑ ③　感情的になって不適切な言動をした時は，行為については指導をするが，感情については否定せず，受け止める。

　例えば，感情的になって友だちを叩いた子がいたとします。理由を聞くと，最も言われて嫌な言葉を言われたといいます。「そうか，○○さんは，それを言われると嫌なんだよね。頭にきたんだね」としっかりと受け止めます。叩いた子も傷ついていることを理解した上で，表情を見ながら言います。「ただ，叩いちゃったことはまずいと思っているんでしょ」と，そうした判断ができる人であることへの信頼を伝えます。その子が同意したところで，「どうしたらいいか，わかるよね」と言えば頷くことでしょう。ポイントは，謝らせようと急がないことです。

☑④ 不適切な言動を指導する時は，感情を共有する。感情を共有するには，感情を言語化するのも一つの方法である。

　感情の共有，つまり共感とは，同情することではありません。「かわいそうに」と憐れむ気持ちをもったら寄り添うことはできません。したがって，怒りも同様です。子どもたちに怒りを感じているうちは共感はできません。共感には，尊敬の気持ちが必要です。「この子は，現状を改善する力がある」と信じることから共感が始まります。具体例は，☑⑥に示しました。

☑⑤ 複雑な感情を感じ取ることができていても説明できないことがあるので，教師が感情を表現する言葉を多く知っていることが望ましい。

　これまでと重なります。先ほどの☑③の場合は，「それを言われると嫌なんだよね」と感情を言葉にします。また，☑②の場合なら，「何があったの？」と聞いた時に，「悪口を言われた」などと言うかもしれません。そうした時は，☑③と同じです。

　「不安なの？」「困っていたの？」「心配だったの？」「イライラしたの？」など，教師は感情を表す言葉のレパートリーをもっていたほうがいいです。勿論，「嬉しかったんだ」「わくわくしたの？」「どきどきしたね」などとポジティブな言葉も同様です。

☑⑥ 子どもたちの感情を決めつけないようにする。こちらからどんな感情だったか聞き出す時は，「～だったの？」「～かな？」などと質問形式にすることが望ましい。

　（例）「さっき，○○くんを殴っちゃったのは，殴りたいほどむかついたからなの？」

　　　　「さっき，泣いていたのは，不安だったのかな？」

　例示した通りです。「不安だったんだね」「心配だったんだ」と決めつけたように言うと，抵抗を示す子もいます。子どもたちの表情を見ながら，尋ねるようにします。「不安だったの？」と尋ねて，「うん」と言ったら，「そっ

か，不安だったんだね」というように少し丁寧にやりとりをします。

「友だち優位になる」ことに対して
☑ ①　教室に対等な関係性を構築する。

　思春期の子どもたちは，その人間関係における対等性が崩れていることがあります。友だち優位になることはそれほど大きな問題ではなく，友だちに対して自分の意思表示ができないことが様々な問題を起こすと考えられます。意思表示できない理由としては，自己の意思表示が苦手であるといった個人的な特性もありますが，多くの場合，上下関係の存在が指摘できます。私たち大人も同じではないでしょうか。上下関係があると，なかなか自分の思ったことは素直には言えないものです。

　子どもたちの関係性における上下関係は，役割の不均衡や体格差など様々な要因から生じてくると予想されます。しかし，教師がコントロールできるもので，比較的大きな影響力をもっているものを挙げるとするならば，発言量や役割の均等性です。いつも同じ子が発言する授業，いつも同じ子が活躍するようなシステムを経験していると自ずとそこに上下関係ができてきます。授業者として，そして学級システムの管理者として一部の子に発言や役割が偏らないようにします。

☑ ②　孤立傾向の子には，友だちができるような支援をする。

　グループ化することは避けようがないことです。それを否定しないことです。グループ化してもいいのです。それらが緩やかにつながっていること，そして，孤立する子が出ないようにします。学習中にペアワークやグループワークを取り入れることは勿論ですが，朝の会や帰りの会でおしゃべりする機会を設けることは欠かさずやりたいものです。子ども同士のコミュニケーション量が減らないように配慮します。

　また，ただグループワークや交流活動をするのではなく，そこでは，「人は一人ひとり考え方が異なること」「考え方が違うからこそ，コミュニケー

ションをとる必要があること」「協力することは難しい，だから協力することに意味や価値があること」「世の中は協力することでできている，私たちが幸せになるには協力する力をつけること」など，社会的自立に向けた声かけを繰り返していきます。

☑ ③　教師の直接介入による仲間づくりは，ほとんど功を奏すことがないと自覚し，協力的活動（学び合うことによる学習活動やイベントの計画）や仲間支援活動（子ども同士の悩み相談）などを仕組み，間接的支援にコストをかける。

　子どもたちが協力し合う活動をしかけて，それを見守るようにします。活動をする時には，いきなり話し合わせたり，丸投げしたりしてはいけません。まず，話し合いのゴールを言います。それから話し合いの方法を伝えます。次のようにです。

　「では，これから2人で話し合って，その写真に適切なタイトルをつけてください。誰もがこの写真に注目してしまうようなタイトルです。まず，一人ひとりで考えます。それから合図をするので，2人で話し合います。どちらか一方のアイディアにしてもいいし，勿論，合体させてもいいです。ひょっとしたら，全く新しいアイディアが出てくるかもしれません。それでもけっこうです。最も大事なことは，2人が納得することです。時間は，○分です。それでは，まず，個人で考えます」これからの手順を，黒板に掲示したり，板書したりしながら説明します。

　この指示をお読みいただければわかると思いますが，ゴールを示しながら，メンバーが良好な関係になれるようなルールが散りばめてあります。

☑ ④　いじめ指導においても，教師の直接的指導をきっかけとして，子どもたちの自治的活動によるいじめ抑止，防止の活動を仕組むようにする。

　こちらについては，第9章（p.171～）をお読みください。

『思春期の子どもとつながる学級集団づくり』

類書が見当たらない書籍である。シリーズの中でも増刷回数の多い，特に注目の一冊である。

松下　崇，松尾英明，飯村友和，長崎祐嗣，山田将由，永地志乃，近藤佳織，白根奈巳，堀川真理，久下亘，山本宏幸，大谷啓介が実践編を執筆。小学校と中学校の教師たちである。

人間関係全般について言えることであるが，特に，思春期の子どもたちとの関係構築はシナリオ通りにはいかない。本書の実践群には，そのことがよく示されている。各実践者は，陥りがちな罠とそのリカバリー法を解説している。「人は，失敗からしか学ばない」という。それだけに彼らの実践には，実に説得力がある。

現場で先生方は一人ひとりの児童生徒の声に耳を傾け，その心情に寄り添おうとしていることだろう。それでも一筋縄ではいかないのが思春期の子どもたちとの関係構築である。彼らの実践を読んでいて，つくづく教師の仕事は，Give & Take ではなく，Give & Give，そして Give だと思う。それでも，つながることができた時の喜びは格別である。また，そうしたあたたかいつながりの積み重ねが子どもたちの人生を紡ぐ勇気になると思えば，それはとても意義深いものであろう。

第7章

PERFECT GUIDE

一見複雑に見える学級集団づくり。
しかし、そこにはとても明快な
必勝パターンがあった。
あなたはそれを知っているか?
そして、やっているか?

学級のまとまりを生む
シンプルな原則

学級集団づくりの「必勝パターン」

　皆さんは学級集団づくりに自信がありますか。学級集団づくりのセオリーをもっていますか。物事には「必勝パターン」というものがあります。例えば，サッカーでも野球でも相撲でも，強い選手，強いチームの多くが勝負をそうした型に導いて勝利を手にします。皆さんの学級集団づくりには，「必勝パターン」がありますか。

 ## 学級が集団として機能しなくなる「学級崩壊」

　全国の小学校を中心に2000年以降に顕在化した，学級崩壊と呼ばれる，学級が集団として機能しなくなる現象は，教育関係者に大きなショックを与えました。しかし同時に，それまで名人芸や経験則で語られることの多かった学級集団づくりの研究を推し進め，理論的にも技術的にもそれに関する情報が発信されるきっかけにもなりました。

　私が小学校の教師をしていた頃，最初に機能不全の学級を担任することになった時，書店に行ってもその対応法を見つけることができませんでした。生徒指導やいじめに関する書籍はありましたが，ほとんどが個の反社会的行動や非社会的行動の事例対応集でした。先輩方に聞いても有効な情報は得られませんでした。当然です。それまでほとんど見られなかった現象なのですから。圧倒的な情報不足でした。

　しかし，今は違います。書店に行けば，書架には学級づくりに関する書籍がズラリと並んでいます。執筆者は，若い方からベテランまで，実践者から研究者まで，そして，教育関係者以外の方も学級づくりに関する情報を提供してくれています。

　今，もし，私が機能不全の学級を担任していたら，片っ端から読み漁っていたかもしれません。しかし，一方で，数が多すぎてどれを実践すればいい

か迷ってしまいそうです。そこで，学級を育てたいという方たちのために，私なりにそれらの情報をギュッとコンパクトに整理してみたいと思います。それにより，学級集団を育てる道筋が見えてきます。

3 学級集団育成の道筋

　学級集団育成の道筋を整理すると，図1のようになります。

　かつて「よい授業をすればよい学級はできる」と言われました。それは，ある状況では真実ですが，不十分なところがあります。私が新採用だった1989年の頃，学級崩壊のような現象は報告されていませんでした。全国のほとんどの学級で授業が成立していたと思われます。

　その頃は，「よい授業をすれば……」という言葉は，一般性をもっていました。初任の私の学級経営はお世辞にも順調だったとは言えませんが，学級の半数以上が授業に協力的であり，積極的に授業妨害をするような子はいませんでした。反抗的なやんちゃ坊主も，微妙な距離感で私を見ていた高学年の女子たちも，授業中はとりあえず学習していました。

　こうしたある程度授業が成立している状況では，所謂「子どもたちの知的好奇心を刺激」して，「子どもたちが動く」授業をすれば，それなりに学級

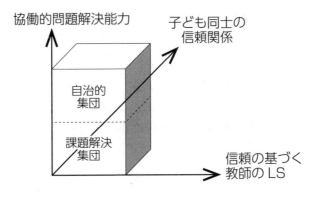

図1　学級集団育成の道筋

の機能は高まったような状態になりました。初任の私でも，教授法を勉強し，先輩方が開発した教育技術を駆使すれば，研究授業で討論の授業ができて，校内研究で先輩方に認められたりすることは可能でした。そうした授業をすれば，子どもたちが喜び，教師の自信となり，それだけ授業者としてのステイタスも上がったわけです。

　しかし，それは，子どもたちが授業という土俵に乗ってくれていたからできた営みです。私が最初に担任した機能不全の状態の学級は，積極的に授業妨害をする数名の子どもたちと，半数近くの非協力的な子どもたちがいました。

　通常の学級生活を送り，学習をしたいと願う子どもたちもそれなりにいたと考えられますが，授業に協力したり，積極的な行動をしたりすれば後で何をされるかわからないような雰囲気の中では，そうした子どもたちは，息を潜めてじっとしていました。

　数えるほどしか土俵に上がらず，元気のよい子は土俵下からヤジを飛ばし，土俵上の者たちを萎縮させ，静かな子は土俵すら見ない，にもかかわらず，土俵下から退出することも許されず，ひたすら，取組が終わるのを待っている，というような状況で，「よい授業をすれば……」という言葉は，空しく響くだけです。

> どんなによい授業プログラムを適用しようとも，機能しない学級では効果なし

という状況が，学級崩壊なのです。そうした事態を何とか打開すべきと多くの発信がなされました。そこから見えてきたのは，

 学級集団づくりは，教師と子どもの信頼関係づくりがその基盤である

ということです。

学級崩壊の可能性は全ての学級に

そして，図1が示すもう一つ重要なことがあります。

> **学級の機能不全は全ての学級に起こり得る**

ということです。これは，かつていじめや不登校の問題が，個別の問題から，「どの子にも起こり得る」と解釈されるようになった構造と似ています。

　最初，いじめや不登校の問題は，特別な条件をもつ一部の人間関係や特定の子に起こることと捉えられていました。しかし，その報告が増えるにつれ，その捉えが修正されました。学級集団は，個の集合体ですから，個に起こることと同じことが起こり得ます。

　機能不全学級への実践や研究などからわかってきたのは，学級集団の機能を成り立たせる構成要素です。これらは，これまで漠然と捉えられてきましたものです。しかも，

> **その構成要素は，ある程度の順序性があり，しかも，一般性もある**

ということもわかってきました。

　私が現在，学級の機能向上などのご依頼で訪れる学校は，かつては，学級の機能不全などとは無縁の地域でした。しかし，近年になり，「普通に」教育活動を展開しているだけでは学級がうまくいかない状況が出てきました。そうして，何か対策をとらねばならないと考えた管理職や職員の皆さんが，私を何かで見つけてお声かけくださっているのです。

　先日訪れた学校も，そんな学校の一つで，長閑な田園地帯にあります。それまで，子どもたちが先生の言うことを聞かなくなる，授業が成り立たなくなるなんていうことは，まず起こり得なかった地域です。しかし，ここ数年は，落ち着かない学級が複数出たり，その中から病休に入る先生方が出るようなことが起こってきました。そこで，「何かしなくては」ということにな

り，学級集団づくりの研修をすることになったのです。

　新採用の先生の学級が落ち着きをなくすことは，傾向としてはあるようですが，機能不全になる学級は，若い先生の学級だけとは限りません。ベテランの学級，地域の指導的立場にある先生の学級，主任クラスの先生の学級，そうしたキャリアと関係なく，機能不全に陥る可能性があるのが現状です。

5　機能する学級

　それでは，学級の機能とは何なのでしょうか。図１（p.137）を見ながら考察していきましょう。学級経営の定義を試みた人たちはいますが，統一された見解があるわけではありません。しかし，従来から学校教育が学級に期待する役割として次の２つが指摘できるでしょう。

> ①　学習指導を成り立たせる基盤としての機能
> ②　生活指導を成り立たせる基盤としての機能

　つまり，学習集団としての機能と，生活共同体としての機能です。こうした背景から，教師，とりわけ学級担任の最も大きな仕事は，授業づくりと学級づくりなどと言われてきたわけです。教育基本法をもち出すまでもなく，学校は子どもたちの人格形成の場です。子どもたちは，「学校に来るのではなく，学級に来る」ことを考えると，人格形成の場の最前線が学級と言えるでしょう。そのために，学習指導，生活指導があり，それらがよりうまくねらいを達成するために学級というユニットがあると考えられます。

　では，そのねらいをどのように達成すればいいのでしょうか。達成のプロセス論を考えてみましょう。学級崩壊の克服や学級機能の向上に関して，研究的なエビデンスを基に精力的に発信を続ける河村茂雄氏は，「指導―教わるという縦の役割関係が良好に成立している集団を単純によい学級集団と日本の教師は捉えていない」とした上で，「子どもたちの自主的・自治的な活動で学級集団が運営されていくのを是とする傾向がある」と言います[1]。

つまり，わが国の先生方は，

> 伝統的に，教師主導の学級よりも，子どもたちが自分たちでつくり，運営していく学級を望んできた

と指摘することができます。多くの先生方の学級づくりのゴールイメージは，子どもたちが自ら学級を運営する自治的集団だと考えられます。皆さんの学級集団づくりのゴールイメージと比較してみてください。

　では，ここでいう集団が運営されていくというのはどのような状態なのでしょうか。学習や生活を，自主的・自治的に運営すると言われると，なんとなくわかるようで，しかし，ハッキリとしないかもしれません。

　これを考えるには，学習場面から考えるとわかりやすいでしょう。授業を授業たらしめているのは何ですか。恐らく，問いであり，課題ではありませんか。問いのない論文はありません。論文は課題を解決するプロセスを論理的に文章表現したものです。授業は，課題解決の営みだと見ることができます。では，皆さんは，それを教師主導で解決に導きたいですか，それとも，子どもたちの主体的解決を促したいですか。力をつけるという観点からいっても，後者でしょうし，多くの方も望むことでしょう。

 学習場面における機能的な集団とは，学習課題を主体的に解決する力をもった集団

のことです。

　こう考えると，生活を自主的・自治的に運営する集団もイメージしやすくなります。生活共同体の中では，当然，生活上の諸問題が発生します。ケンカなどのトラブル，役割分担やルールづくりなどです。そうした問題から課題が発生します。問題は状況であり，課題は行動を伴います。つまり，「〜で困った」が問題，「それを解決するために，どうする？」というのが課題です。

普通に生活をしていたら，人が集まるところでは，問題が起こるのがむしろ健全な状態ではないでしょうか。生活共同体における機能的な集団を次のように言うことができるでしょう。

> 生活場面の問題を発見し，そこから設定された課題を主体的に解決する力をもった集団である。

　ここで更に大事なことは，どのように解決するかです。どのようにというのは方法論です。方法論だけを議論して，善し悪しを決めるのは危険です。方法論の価値は，その目的とかかわります。同じ目的において，方法Aが方法Bよりも優れていると判断されるのは，方法Bよりも方法Aのほうが目的達成に有効だからです。一方，異なる目的においては，方法論の善し悪しを決めるのは目的の質です。質の高い目的を達成する方法がよりよい方法です。

　それでは，主体的な問題解決は，何のためかという目的を考えます。するとやはり，人格の形成という究極の目的が見えてきます。人格の形成といった時に，健康な人格はどのように形成されるかといったら，それは，適切な人間関係の中でつくられることには異論がないのではないでしょうか。

　皆さんよくご存知のマズローの欲求階層説（p.103図2参照）では，自己実現の欲求は，「安全」「所属と愛」「承認」という社会的欲求が満たされると生じてきます。少し大雑把に感じるかもしれませんが，

> 人は，傷つけられなくて，愛されて，認められていると実感した時，なりたい自分になろうと願う

と捉えることができます。適切に人間関係における願いが満たされることで人格形成が促されるのです。学級における生活課題の場合は，そのほとんどの場合が人間関係の問題から起こります。皆さんの学級で起こった印象的な問題を想起してみてください。ほとんどが人間関係の問題でしょう。

　問題というとネガティブなイメージがありますが，問題の発生源はニーズですから，ルールをつくりたい，お楽しみ会をしたいなどというポジティブ

なものもあります。トラブルは勿論ですが，そうした問題から起こる課題も，全て個人では解決ができないものがほとんどです。

　したがって，仲間との協働による問題解決が必要となります。実は，この

仲間との協働による問題解決は，自己実現の欲求を引き出すにはとても効率がいい

のです。仲間と協働するには，互いがかかわるためのルールが必要です。その中には，当然，互いを傷つけないためのルールも必要となります。

　また，協力をして問題解決をすることによって，そこに認め合いが起こることが期待できます。認め合うことで，そこに一人ひとりの居場所ができて，互いに尊敬し合うような関係を築くことができます。こうしたプロセスは，生活課題の解決においては，イメージしやすいことでしょう。一方，学習場面ではどうでしょうか。教科指導の場面以外では協働的な活動を仕組む先生も，教科指導では一斉指導が多いという方もいるかもしれませんね。しかし，こうして考えると，本来的に学習課題も協働による問題解決を仕組むべきなのです。結論としては，

機能する学級とは，協働的な問題解決能力をもった集団

だと言えるのです。

6　協働的問題解決能力の基盤

　したがって，協働的な問題解決能力が高まり，教師の指導があたかも見えないようになっても機能している集団を，自治的集団と呼ぶことができます。わが国の先生方は，協働的な問題解決能力を高め，子どもたちが自ら学級を運営する自治的集団の育成を志向してきたと言えます。

　自治的集団を育てる協働的な問題解決には，子ども同士のある程度の信頼関係が必要です。協力的関係が構築されていないと協働が成り立たないこと

は言うまでもありません。しかし，最初から成熟した信頼関係があるとは考えにくいです。だから，最初から確かな信頼関係が必要なわけではありません。問題解決の成功を通して，信頼関係が育っていくものですから，初期段階のそれは，協力が成り立つ程度でいいわけです。

　ただ，関係性の悪い人とは機能的な学習をすることはできません（できたとしても相当なエネルギーを要すので長続きはしないでしょう）から，協力できる程度の信頼関係は最低限必要です。したがって，協働的な問題解決能力を子どもたちが発揮するための基盤は「子ども同士の信頼関係」となります。

　そして，その子ども同士の信頼関係を支える基盤は何かというと，「教師と子どもの信頼関係」なのです。今の教室において，子ども同士がかかわるには相当勇気が必要な場合があります。子どもたちは，仲間とかかわっているように見えますが，それは，自分の私的グループでの話であって，それを飛び越えて協働できているわけではないのです。

> 教師から見ればみんな仲間でも，子どもたちから見れば互いは他人

という状況も往々にしてあるのです。皆さんの学級を思い起こしてみてください。多くの学級で子どもたちは私的グループを形成していると思います。それに左右されることなく，助け合いや学び合いがどの程度行われているでしょうか。学級をつくるということは，その私的グループを飛び越えた活動が日常的に起こる状況を創り上げていくことなのです。

　そうした時に，「この人が言うからやってみよう」という信頼感や，「何か（トラブルが）あったら，守ってもらえるだろう」という期待がなかったら，子どもたちはかかわれません。そうした，信頼感や期待が安心感となって子どもたちのチャレンジを生み出します。

　○子どもたちが話し合って学習課題に対する解答を見つける
　○学習中にわからなかったら仲間に質問したり，また，仲間にわかるよう

144

になるまで説明したり教えたりする
　○生活上の諸問題の解決策を話し合って見つける
　○学級生活がよくなるためのルールをつくる
　○楽しいイベントを企画する
　○仲間に困っていることを相談したり，仲間の相談にのったりする

　こうしたことができる力は，今の子ども集団に標準装備されているもので
はないのです。もし，出会った子どもたちがこういうことができていたら，
なぜ，できているのか分析してみてください。そして，どのように育てられ
て得たものかを自分なりにわかっておく必要があるかと思います。最初から
あるものとしてブラックボックスに入れておくと，いざ，壊れ始めた時に修
復ができなくなります。また，新しい学級をもった時に，それらの力が備わ
っていなかった時に，それらの力を育てることができません。

 機能する学級をつくる出発点は，教師と子どもたちとの信頼関係

です。そこから全てが始まります。しかし，ここで勘違いしてはいけないの
は，教師と子どもたちの信頼関係というものは，「幻想」に近いものです。
　そこにあるのは，

 教師と子どもたち一人ひとりとの個人的信頼関係

です。信頼される教師というのは，個人的信頼関係を結ぶことに成功した教
師のことを言います。私が，師匠である橋本定男氏から学んだ学級づくりの
究極の極意をお伝えしましょう。それは，

 一人残らず「ひいき」すること

です。あまりにもわかり易く，必要なことを端的に言い当てています。私は，
この言葉を心がけるようにしてから学級づくりが変わりました。一部の子ど
もをひいきしたらそれこそ学級崩壊を招きます。しかし，全員を「ひいき」

することができたら，究極の指導力を手に入れることができます。つまり，一人残らず「私は先生に愛されている」ということを実感させるのです。

　本章末尾で紹介する書籍の実践編では，小中10名ずつ，合計20名の力のある教師たちが，あの手この手で子どもたちとの信頼関係づくりを展開しています*２。彼らはなぜ，そこまでやるのでしょうか。それは，そこには育てたい力があり，それを身につけさせたいから，やっているのです。彼らは，子どもと良好な関係になることに喜びを感じていますが，それが目的ではありません。愛にあふれる技術論の根底に，プロフェッショナルとしての意識が見え隠れしています。

①教師と子どもの
　個人的信頼関係

②子ども同士の信頼関係

③子ども同士の協働

☑ 学級を最高のチームにするチャレンジ

　クラスを育てる，つまり，集団としての機能を高めるためには子どもたちと個人的信頼関係を構築することは不可欠です。ここでは，あなたが子どもたちと個人的信頼関係を結ぶために必要なことを振り返ってみましょう。

☑ ①　子どもたち一人ひとりとつながろうとしていますか。

　これは，大前提です。信頼関係を構築する上で，あなたが子どもたちとつながりたい教師であるかどうかが問われます。子どもたちは，自分とつながろうとする教師とつながります。もし，子どもたちがあなたとつながろうとしていないとしたら，あなたがつながろうとしていないのかもしれません。子どもたちと一人残らず良好な関係をつくりたいと本気で思っているか，自分自身に問いかけてみてください。

☑ ②　子どもたちの前でよく笑っていますか。

　子どもたちは，不機嫌な人の側にはいたくはありません。教室では，上機嫌で，そして，笑顔でいたいものです。だからといって四六時中，笑っていろということではありません。しかし，子どもたちが教師の顔を思い浮かべた時に，笑っている印象があるかどうかということが重要なのです。人気のある先生は，「厳しいけど面白い」という評価をもらっていることがあります。そうした教師は，叱る時は叱るものの，笑っている時間が相対的に長いと考えられます。

☑ ③　見た目に気をつけていますか。

　意外かもしれませんが，子どもたちは教師の外見をよく見ています。別にイケメンや美女である必要はありません。ただ，常識的の範囲内でおしゃれなほうが，子どもたちの受け入れはよくなります。皆さんだって，こぎれいな格好をしている人とそうではない人を見たら，前者に好感をもちますよね。

子どもたちだって同じです。ましてやおしゃれな現代っ子たちが，教師のおしゃれに無頓着であるわけがありません。髪型，服装，体臭など常識の範囲内で整えるべきです。

☑ ④　子どもたちに敬意を払っていますか。

　親しみの表れとして子どもたちに，「お前たち」とか「君ら」などと呼びかける教師がたまにいます。あなたと信頼関係があれば，それは「親しみ」として受け止めてもらえるかもしれませんが，子どもたちとあなたの関係には個人差があると思います。やはり，節度のある言葉遣いが必要です。また，名前の読み間違いをしたり，あだ名で呼んだりすることは気をつけたいところです。子どもたちはその場では笑っていても，内心では傷ついていることがあります。また，自分の自慢話なども気をつけましょう。教師以外にも，子どもたちの周囲には「スゴイ人」はたくさんいるのです。自慢話は，自分の品位を下げるだけです。

☑ ⑤　穏やかで公平な態度で接していますか。

　教師は感情労働者ともいわれます。しかし，激しすぎる感情は，子どもたちも持て余すことでしょう。ちょっとしたことで激しく怒る，笑ったかと思うと泣く，では子どもたちも疲れてしまいます。感情は見せたほうがいいと思います。しかし，節度があります。普段は笑顔で，ここぞという時に叱り，そして，子どもたちとの別れなどの特別な時に涙を流すくらいで丁度いいのです。一方で，能面のように表情が変わらない教師も困ったものです。子どもたちから見ると何を考えているかわからないので，不気味な存在に見えてしまいます。また，今の子どもたちは自分の扱われ方に敏感です。ある子には笑いかけるのに，ある子には笑顔を見せないのでは，子どもたちはそれだけで不満をもつことがあります。「笑顔格差」「感情格差」が起こらないようにしましょう。存在としての安定感が，信頼感につながります。

☑ ⑥　子どもたちの話をよく聞いていますか。

　子どもたちに一方的に話すばかりで，子どもたちの話を聞かない教師がいます。教師が面白いことを言っているうちは，子どもたちも教師の話を嬉しそうに聞いています。しかし，やがてそれも飽きてきます。私たち同様に，子どもたちも話を聞いてほしいのです。子どもたちの話をよく聞きましょう。

　教師の仕事は，多くの場面で要求をします。しかし，要求をしていいのは，話を聞く教師だけです。子どもたちが話しかけてきたら，できるだけ時間をとってしっかりと聞いてあげましょう。また，折に触れて「みんなは，どうしたい？」と尋ねましょう。子どもたちは，自分たちの意向を聞いてくれる教師を信頼します。子どもたちへの敬意が伝わるからです。

☑ ⑦　子どもたちの失敗を受容していますか。

　子どもたちを思う気持ちがあることはいいことです。しかし，時にその気持ちが強すぎて，子どもたちが失敗するととことんまで反省を迫り，こんこんと説教をする教師がいます。気持ちはよくわかりますが，反省を迫る説教は，ほとんど教育効果はありません。言うことを聞いたとしたら，それは怖かったからです。人は，責められると自己防衛が働き，自分を守ろうとします。だから，心理的には逆効果です。「そういうこともあるよね」とその失敗を受け入れてやり，それを責めるよりも，もし人に迷惑をかけたならば，責任の取り方を教えてあげたほうが余程，教育的です。

☑ ⑧　子どもたちの前では元気ですか。

　教師も人の子ですから，人間発電所のようにいつも元気でいるわけにはいきません。しかし，そこはプロです。子どもたちの前では元気でいたいものです。お店に行った時のことを想像してみてください。陰気な店員さんのいる店と笑顔で元気な店員さんのいる店だったら，多くの人が後者を選ぶでしょう。教師は元気なほうがいいです。

　しかし，その元気さとは，ただ声が大きいとか笑顔とかという表面的なこ

とではありません。前向きな考え方で，子どもたちが失敗しても励まし，また，子どもたちのよいところを積極的にほめる，そして，ときどき冗談を言う，スベってもめげない，などの人としての明るさが子どもたちを引きつけます。子どもたちは，基本的に，明るい人，あたたかい人が大好きです。

☑ ⑨　親しみのある態度を示していますか。

　子どもたちに自分のことをどれくらい話していますか。自己開示については他の章でも述べましたが，自分の好きなことや嫌いなこと，趣味や家族の話など学校生活以外のことを話す教師に，子どもたちは親しみを覚えます。また，子どもたちをほめる時も，言葉だけでなく，身振り手振りを使って表情よくほめます。いつも微笑みながら，ゆったりとしていて話しかけやすそうにします。

☑ ⑩　子どもたち一人ひとりに関心を向けていますか。

　子どもたちを知ろうとしていますか。一人残らず子どもたちは，自分に注目してほしいと思っています。ただ，子どもたちがみんなストレートにそのことを教師に伝えるわけではありません。知ってもらいたい，注目してほしいと思いながらも，そう言えない子，自分からは近づいてこられない子が一定数います。その子どもたちの声にならないメッセージに気づくことができる教師でありたいです。子どもたちを見かけたら，微笑みかけ，話しかけ，何か変化に気づいたらそれを言い，そして，質問します。「お，今日はなんか嬉しそうだね」「あれ，今日はいつもと違った傾向の服だね」「部活で新記録出したんだって」などなど，こうした当たり前のコミュニケーションの積み重ねが信頼関係をつくります。

　子どもたちは，自分に関心を向ける教師に関心をもつのです。

『信頼感で子どもとつながる学級づくり 協働を引き出す教師のリーダーシップ』

 　現代における学級集団づくりの基本中の基本を示した本書。実践編は，小学校編を飯村友和，金大竜，生方　直，岡田順子，永地志乃，近藤佳織，澤村力也，関田聖和，松下崇，浅野英樹，中学校編を久下　亘，木花一則，倉澤秀典，海見　純，岡田敏哉，山本宏幸，吉田　聡，根平緯央，米田真琴，堀川真理が執筆。

　これらの実践は，基本というにはあまりにも奥が深い。学級集団づくりは，突き詰めれば突き詰めるほど底が見えない世界である。しかし，執筆者のクラスで瑞々しい子どもたちのやる気や，あたたかな助け合いが見られるのは，何の派手さもない地道なプロセスを経るからこそ。これらの実践は，いつからでも取り組めるところが強み。やろうと決めたその日から取り組めるだろう。小学校と中学校は，学級担任制と教科担任制というシステムこそ違うが，学級集団づくりの基本原則は共通している部分が多いことに気づかされる。小学校編では，一日をどう使って信頼をつくるか，そして，中学校編では限られた時間をどう使ってそれをするか，それぞれの執筆者の知恵が光る。

＊1　河村茂雄『日本の学級集団と学級経営』図書文化，2010
＊2　赤坂真二編著『信頼感で子どもとつながる学級づくり　協働を引き出す教師のリーダーシップ　小学校編・中学校編』明治図書，2016

第8章

PERFECT GUIDE

あなたは学級に必要なルールを
知っているか？
また、その具体的指導方法を
いくつ知っているか？

ルールは
学級集団づくりの
"要"である

1 学級崩壊のメリット

2000年頃から顕在化した学級崩壊は，教育関係者に大きな衝撃を与えました。かわいらしさやあどけなさの象徴であった小学校を舞台に起こった問題だったからです。それまでも，世間で話題となった子どもたちの逸脱行動はありました。校内暴力，いじめ，不登校，普通の子がキレるなどの問題です。しかし，それらの舞台の中心は中学校でした。「かわいらしい小学生」たちが先生の言うことを無視して，授業中に立ち歩き，私語をし，物を壊し，暴力を振るうなどの行為を繰り返し，教室全体がコントロールできなくなるなんてことは誰が想像したでしょうか。

しかし一方で，学級崩壊は，教育界に予想外のメリットをもたらしました。どんなことか想像できますか。それは，学級集団づくりの研究を推し進め，学級集団づくりの理論と方法論が提唱されることを促しました。学級崩壊が起こるまでは，学級集団づくりの理論と方法が全くなかったとは言いませんが，あまり注目を集めることはありませんでした。名人芸や経験則で語られることが多かったと思います。

名人たちの伝えることは，確かな実践に基づく事実を背負っていますから，迫力がありました。しかし，それが誰でもが使えるものであるかというと難しいところがあります。なぜならば，それが名人芸だからです。一部の限られた能力の人しかできないからこそ名人芸なのです。また，

 技術論には，前提条件がある

ことを忘れてはなりません。用いようとする技術がきちんと機能するためには，この前提条件をクリアする必要があります。

例えば，180センチ近くの大柄のベテランの男性が，「静かにしなさい」と言ったのと，小柄な若手の女性教師が同じことを言ったのでは，効果が違うことは誰でも予想ができるでしょう。「静かにしなさい」という指示が機能

する時，「見た目の怖さ」という前提が機能している可能性があります。子どもたちから見たら，それこそ熊とウサギぐらいに違うのかもしれません（誤解のないように，念のために申し添えておきます。これは，ベテランよりも若手が，大柄な方よりも小柄な方が，男性よりも女性のほうが，指導力が劣ると言っているわけではありません。その逆の例は山ほどあることは重々承知しています。同じテキストでも，効果が違うことを説明するための例にすぎません）。

　それを追実践する人の力量にもよりますが，名人のやっていることを再現するには，かなりいろいろな前提を再現した上でやらないと，成功することはとても難しいのです。そうした学級集団づくりの原理を，名人芸から解き放ったものの一つに，河村茂雄氏の学級づくりの必要条件が挙げられます。学級集団が成り立つためには基本条件があり，それは，ルールとリレーションの確立であるというものです[*1]。ルールとは，集団内に，規律，共有された行動様式のことです。リレーションとは，児童生徒同士の良好な人間関係，役割交流だけでなく感情交流も含まれた内面的なかかわりを含む親和的な人間関係のことです。

ルールの確立は学級集団づくりの基盤

　では，ルールの確立とリレーションの確立は，優先順位でいったらどちらが先なのでしょうか。これに対する解答のヒントは，前に述べたマズローの欲求階層にあります（p.103図2参照）。これは，人間の欲求は，低次の欲求が満たされることによって高次の欲求が出現するという説です。

　最下位層の欲求は，生理的欲求です。睡眠欲，食欲，性欲などです。現在の教室では，この辺りが満たされない子どもたちがいることは確かですが，少数派でしょう。学級づくりの問題というよりも個別の問題となりそうです。

　学級づくりの問題として，子どもたちがまず求めるのは，安全の欲求が満たされることです。子どもたちを傷つける可能性があるのは他者です。他者のうち，教師が意図的に子どもたちを傷つけることは考えにくいので，子どもたち同士で傷つけ合わない行動様式の共有が求められます。そこで必要となってくるのがルールです。

　リレーションの形成は，その上の所属や承認の欲求が満たされる営みの中で実現するものとして考えられます。子どもたちは，ここでは，傷つけられないと実感しないと居場所を見いだすことができません。また，居場所を見つけることができないうちは，認められようとはしないでしょう。

 リレーションの形成は，ルールの形成があって成り立つ

ものだと考えられます。単純に考えれば，どんなに認め合いの活動をしても，侵害行為がある学級でやっても効果がないということです。子どもたちにしてみれば，人のいいところを探している暇があったら，この飛び交っているトゲトゲしいやりとりを何とかしてほしいと思っているというような事態が起こり得るわけです。教師が学級集団づくりをしようと思ったら，集団生活に必要なルールを定着させて，子どもたちの安全を確保しなくてはならないのです。

3 「学級崩壊」時代の教師の仕事の難しさ

　学級崩壊が顕在化する2000年以前とそれ以降では，子どもたちが変わったといわれます。学級崩壊が顕在化するまでの子どもたちの多くは，学校に来れば，小学生は児童の，中学生は生徒の顔をしてくれました。しかし，2000年以降は，子どもたちが，児童生徒の役割をしなくなったと指摘されます。ただ，それは，子どもたちが変わったというよりも，子どもたちを取り巻く環境が変わり，それが子どもたちの行動に徐々に影響を及ぼし，学校のあり方とのズレが大きくなったのだと考えたほうがよさそうです。

　先ほども言いましたが，学級崩壊前の子どもたちは，学校に来ると児童・生徒になりました。役割にはルールが伴います。したがって，児童・生徒としての行動は，学校が，子どもたちに与えたルールであるとも言えます。皆さんも素の自分と教師である自分は，異なっていると思います。教師としての皆さんは，教師という職務から発生するルールを守って行動しているのではないでしょうか。子どもたちも同様で，素の彼らと学校に来ている彼らでは，その振る舞いは異なる場合が多いと考えられます。だから，多くの子どもたちが，児童・生徒の役割をしていたということは，学校という場が与えるルールが，多くの子どもたちに共有されていたと見ることができます。

　しかし，学級崩壊以降は，それが失われたということでしょう。学級崩壊という言葉を使って現象を読み解いているので，これは小学校での話かと思ったかもしれませんが，それは違います。ルールが共有されているかどうかという話ですから，校種が限定される話ではありません。子どもたちのあり方と従来の学校文化のズレが生じているということです。

　ルールを共有しない子どもたちは，学級担任制の小学校では学級崩壊を起こし，教科担任制の中学校では授業崩壊を起こすのです。ある教師の授業になると，授業が成り立たなくなります。構造は，学級崩壊も授業崩壊も同じです。

学級崩壊が顕在化してからの2000年以降をポスト学級崩壊とするならば，それ以前（プレ学級崩壊）の学級集団づくりとどちらが大変かといえば，やはりポスト学級崩壊です。それは丁度，楽器を演奏するようなものです。音を出すのと，音をコントロールするのはどちらが大変かといったら音をコントロールするほうがはるかに難しいです。

　プレ学級崩壊の頃の教師の仕事は，子どもたちが家庭生活や社会の状況の中で身に付けていた縛りから開放することでした。学校では，「君たちは自由だ，君たちには未来がある」と伝えればよかったのです。

　しかし，ポスト学級崩壊は，

> 家庭生活の中で自由を謳歌している子どもたちに，学校で，社会で生きるための枠組みを教えなくてはならなくなった

のです。ただし，正しいことを教えるからといって，かつてのような力による指導はやりにくくなりました。社会がそうした指導のあり方を容認しなくなったからです。ポスト学級崩壊のルール指導は，難しい営みとなりました。今，教師に求められるのは「厳しくルールを指導する」力ではありません。「あたたかくルールを徹底する」力なのです。

4　ルールを守る体験の不足

　ルール指導を困難にしている要因には，

 ルールを守って生活をする体験の不足

が挙げられます。それには，子ども側の要因と教師側の要因があると考えています。

　まず，子ども側の要因です。現在の教室には，立ち歩いたり，時にはそのまま居なくなったり，学習とは関係のないおしゃべりをしたり，注意されるとキレる，暴れたりするなど，適応に課題のある子どもたちがいるのが普通

です。そうした子どもたちは，ルールを守って行動することが苦手で，ルールから逸脱してしまうことがあります。指導をしても入らないことがあるので，やらなくてはならないことが免除されたり，要求が通ってしまったりすることがあります。

　ある学級（小学3年生）に，気に入らないことがあると暴れ出す子がいました。その子が離席して注意されると，度々泣き叫ぶので，授業が中断したといいます。先生も困って，叱ったりなだめたりしても結局は，その子は離席をやめないし，当然，キレて泣き叫ぶこともやめなかったといいます。また，学習中の課題もやらないことがあり，それをやらせようと休憩時間に作業を指示すると，それも嫌で暴れました。そうしたことが繰り返されるうちに，彼は，やらねばならない課題をやらないようになりました。また，他の子も宿題を出さなくなったり，一緒に立ち歩いたりするようになり，所謂，学級崩壊の状態になりました。

　このように，逸脱傾向の子は，その子自身の特徴的な行動により

> ①　ルールを破る
> ②　それが見逃される
> ③　更にルールを守らなくなる
> という悪循環にはまり，ルールを守るという体験が不足してしまう

ことになります。また，その子がルールを破って得をする姿から，模倣する子も出て，学級全体のルールが壊れてしまう事態すら起こり得ます。そうすると，他の子どもたちもルールを守って生活をするという経験が不足してしまうのです。

　また，一方で，教師側の要因も指摘できます。これは，指導力のある先生に起こりがちなことです。指導力のある先生は，その人の存在そのものがルールとなりがちです。すると，子どもたちはルールを守っているのではなく，その人の言うことを聞いている状態に陥りがちになります。

指導力があるが故に，意図せずルールを守る機会を奪ってしまう

のです。

　その子どもたちは，ルールを守っているわけではないので，他の教師の言うことを聞かなかったり，学級が変わるとそれまでとは全く違う行動をとるようなことが起こります。担任が替わってすぐに落ち着かなくなるような学級はこうした状態に陥っていると考えられます。しかし，言うことを聞かせる力をもっていることは悪いことではなく，指導者としては望ましいことかもしれません。ただ，そうした先生が気をつけなくてはならないことは，

 言うことを聞かせられるからこそ，ルールを意識させること

なのです。

　教師は，ずっとその子たちと一緒に居られるわけではないのです。自分の目の前でいい子にしている子どもたちを見ていることは，気持ちのいいことですが，自分の前だけのいい子にしてしまっているとしたら，法治国家の社会を生きる上での自立能力を奪っていることにはならないでしょうか。

 5　学級に身に付けさせたいルール

　では，学級に必要なルールとはどんなものでしょうか。ルールのあり方は，その学級の姿と言えます。皆さんの学級にはどんなルールがありますか。子どもたちにルールとして伝えているものを書き出してみることをお勧めします。必要なルールは次の3種類が挙げられます。「　」内に示すものは，サンプルです。それぞれがクラスに必ず必要だというものではありません。今，学級にあるルールを次の観点で分類してみてください。すると，あなたが理想とする学級の具体像が見えることでしょう。

⑴ 禁止ルール

「人を責めない・罰を与えない」「人の話に割り込まない」「決めつけた言い方をしない」「学習に関係ない物を持ってこない」「いじめ，差別をしない」「人にされて嫌なことはしない」などの，ある行為を禁止するルールです。これらが多いことは望ましいことではないかもしれません。また，ルールとしてポジティブな表現にしたほうがいいものもあるでしょう。しかし，どうしても設定しなくてはならないものもあると思います。

⑵ 促進ルール

「発言（物事）は順番にする」「人の話を最後まで聞く」「人の話は肯定的に聞く」「相手の気持ちを考えて意見を言う」「人や物事のよいところを見る」「困っている人がいたら積極的に助ける」などの，ある行為を促すルールです。ルールというと何かを禁止するようなイメージがあるかもしれませんが，禁止ルールは望ましくない姿にストップをかける機能，促進ルールは，望ましい姿を育てる機能があります。

⑶ メタルール

そのルールが破られた時に発動される高次のルールです。例えば，「学習に関係ない物を持ってこない」というルールが破られた時には，「先生が放課後まで預かる」というルールを決めておきます。

こうしたことを決めておかないと，いざそれを実行した時に，「先生が，子どもの私物を取り上げた」などとクレームをつける保護者や子どもたちが出てきてしまう可能性があります。メタルールを決めておくと，ルールの安定性が高まります。

中学校の生徒指導困難校などでは，「変形服を着てきた場合は，正規の服装に着替えないと校舎内には入れない。着替えない場合は，帰宅させる」というようなルールを決めておかないと，校則の実行力がなくなってしまいます。勿論こうしたルールには，地域や保護者の理解が必要なことは言うまで

もありません。ルールは，教師が一度子どもたちに伝えたからといって守られるものだと考えないほうがいいです。ルールの定着には時間がかかります。

6　ルール指導の実際

　注意したり，叱ったりして守るならそれも有効な指導法かもしれません。しかし，それが子どもたちの恐怖心に訴えているものだとしたら，それは一時しのぎで終わってしまう可能性が高いです。ただ，現場には緊急避難的に，一時しのぎでもいいから，そうした手法に頼らざるを得ないことがあることは元小学校教師として十分に理解しているつもりです。しかし，定着をねらうためには，あの手この手でルールの徹底を図ることが必要です。以下は，「育てるルール指導」の指導例です。子どもたちを怖がらせて適切な行動をさせるのではなく，適切な行動をする習慣を育てる指導です。

⑴　ルールを「見える化」する

　言葉で伝えるだけだと忘れてしまいます。大事なルールは，書いて掲示するなどして，「見える化」します。また，いつも掲示しておくと，子どもたちの関心も薄れてしまうことがあります。スケッチブックに書いたり，巻物などにして，必要に応じて提示するなどの方法も効果的です。私はペア学習やグループ学習をする時になると，スケッチブックに書いたルールを見せて，声に出して読ませてから，活動に入りました。

⑵　暗黙ルールをできるだけ少なくする

　逸脱傾向のある子どもたちの中には，暗黙のルールの理解が苦手な子がいます。「授業中は席を立たない」「友だちを叩かない」「トイレは先生に断ってから行く」などのことは，ほとんどの子にとってはわかりきったことで，ルールとして伝えることは必要のないことですが，伝える必要のある子もいます。「そんなことは当たり前」と決めつけずに，叱る前にルールとして伝

えておくということが必要です。子どもたちの逸脱行動には，それがいけないことだと本当にわかっていない場合があると思っていたほうがいいです。

(3) 達成状況を振り返る

　ルール指導で意外と疎かになっているのが，これです。ルールは決めっぱなしにしておくと，形骸化してしまいます。ですから，ルールを提示したら，定着するまでは，できているかどうか振り返らせるといいでしょう。「この前，○○というルールを言いましたが，守られているでしょうか。守られている人はどれくらいいますか」などと，自分自身の行動を評価させます。また，ルールが守られていない場合は，どうするか決めます。

> ①　今のルールをもうしばらく続けて様子を見る。
> ②　今のルールが守られるように一部ルールを修正する。
> ③　新しいルールを決める。

などの対応が考えられます。

(4) 強化する

　更に疎かになっているのが，これです。ルールを破った子には指導をしても，守った子をほめていないことがあります。ルールを守る体験が不足している子どもたちには，ルールを守ったことが喜びとなるような体験が必要です。そして，そのルールが守られるとどのようないいことがあるのかなどの意味づけも時々しておきます。ルールは，生活を縛るためのものではなく，みんなが笑顔で生活するために必要なものであることを伝え続けます。

(5) ルールを守った状態を体験する

　ルールを伝えたら，「いいね，わかったね」で終わらせるのではなく，できるものに関しては，そのルールを守ったらどのようになるかを体験させます。例えば，「朝の読書の時間は，しゃべらないで読書をする」ということ

をルールとして伝えたら，「では，どういう状態になるかやってみましょう」と言って，体験させます。そして，ルールを守った状態のイメージをもたせるのです。また，それがよいものだと体験もできるので，ルールが守られる可能性がグンと高まります。

(6) 子どもたちがルールを決める

　最も子どもたちがルールを守る可能性が高まるのが，みんなでルールを決めることです。ルールを破りがちな子どもたちも，納得の上で決めたルールは守ります。ルールが守られない一つの要因として，「押しつけ」になっている場合があるからです。子どもたちの生活上の困り感を課題として設定して，ルールを考えさせます。そして，民主的な手続きによって決定すると，子どもたちは納得します。

　例えば，次のようにします。

① 問題状況を指摘する

「今日は，朝の読書中におしゃべりする人たちがいたようですね」

特定の誰かを責めるのではなく，状況を確認します。

② ルールの必要感を高める

「このまま朝読書ができないと，どういうことが起こるでしょうか」

現在の状況が続いた結果を予測することで，ルールをつくったほうがいいことに気づかせます。

③ ルールをつくることに同意を求める

「朝読書ができるようになるためのルールを決めたいと思いますが，賛成してくれる人はどれくらいいますか」

教師のためのルールではなく，子どもたちの生活がよりよくなるためのルールであることを確認します。

④ 課題を提示し，解決策リストをつくる

「みんなが朝読書をできるようにするためには，どうしたらいいで

すか」

　思いついたことを挙げて，課題の解決策の選択肢をリストアップさ
せます。

⑤　最も実効性の高いルールを検討する

　「どれをやったら成功しそうですか」

　時間があれば，反対意見や賛成意見を集めます。この時に，それを
やったらどうなるかを予想させます。すると，実効性の高い解決策が
見えてきます。

⑥　ルールの決定

　全員一致でなくてもいいのです。過半数を超える支持を得たものを
ルールとします。

　ここに，前記の「ルールの見える化」「振り返り」「強化」「守った状態の
体験」を組み合わせると，更に効果的です。

　また，自分たちで決めたルールで生活改善をする喜びを知った子どもたち
は，自分たちの手で生活をよくしようと動き出します。すると，教師があれ
これ注意やお説教をしなくても，まとまりのある学級生活が営まれるように
なります。民主的な手続きによるルール設定の仕方について更に知りたい方
は，参考文献を挙げておくのでご覧ください[*2]。

✅ 学級を最高のチームにするチャレンジ

　中国のことわざに、「創業は易く守成は難し」というものがあります。「新たに事業を興すよりも、それを衰えさせないように守っていくほうが難しい」という意味です。ルール指導にもこれが当てはまります。ルールはつくるよりも守るほうが難しいです。だからこそ、ルールは定着しないのです。ルールの意味やそれをつくる手続きは既に述べました。ここでは、ルールを定着させるための心得を確認しましょう。

✅ ①　ルール指導は自己管理からと心得よ。

　ルールをつくったからといって子どもたちがすぐに守るとは限りません。一定数の子どもたちが守るようになるまでは時間がかかります。そして、全員に定着するまでには更に時間がかかります。ルールが定着しないのは、大抵の場合、教師が根負けしてしまうからなのです。ルール指導の出発点は自己管理であることを忘れないようにしましょう。教師が「まあ、いっか」と思ったら、そこからルール指導の失敗が始まります。

✅ ②　笑顔で譲らない。

　子どもたちは、甘え上手です。上手に甘えてルールをかいくぐろうとするかもしれません。例えば、シャープペンシルを禁止している場合に、「いいでしょう、先生、お姉ちゃんたちのクラスは許可されているよ」なんて天使のようなかわいい笑顔で言ってくるかもしれません。そんな時に、「一度くらいまあいいか」と思って許してしまうかもしれません。「じゃあ、今日だけね」なんて言ってしまったら、そこからその「今日」が続くことになります。ルールが一つ破られると、なし崩し的に他のルールも破られてしまうようになります。些細なルールほど、しっかり守らせなくてはなりません。

　徹底させるというと、怒鳴って黙らせるというイメージをもつかもしれませんが、ルール指導に怒鳴る必要はありません。譲らないことが大切です。

例えば，次のようにします。

子ども「先生，いいでしょう。シャーペン」

教　師「1学期に言ったでしょう。ダメって」

子ども「どうして〜？　お願い」

教　師「あはは〜，ダメ」（笑顔）

子ども「いいじゃん，もう〜けちっ！」

教　師「そうなんだ，生まれつきけちなんだよね〜」（笑顔）

子ども「もう，いいっ！」

教　師「わかってくれてありがとう」（笑顔）

子ども「わかってないもん！」

教　師「あはは」（笑顔）

　この通りやればいいというわけではありません。あくまでもイメージです。笑顔で譲らないのです。ここで感情的になったり嫌みを言ったりしてはダメです。爽やかに断ります。子どもたちも必死です。しかし，ここは理屈の問題に留めます。子どもたちは教師を動かすために感情を使ってきます。ここで教師も感情的になると，感情の問題になります。ここでいう感情とは，怒りなどのネガティブな感情のことです。笑顔で原則を貫くようにします。

　小学校の時の教え子（当時4年）が遊びに来て，聞いたことがあります。その時は，赤ペンを許可せず，赤鉛筆を使用させました。子どもたちは女子を中心に赤ペンを使いたがりました。何度も「どうしてダメなの」と言われました。その度に上記のようなやりとりを繰り返しました。「赤ペンのこと覚えている？」と聞くと，6年生になっても覚えていて「もう，何度言ってもダメだから，諦めたよ」と笑顔で言いました。根負けしないことが大事です。子どもに負けないのではありません。自分にです。

☑ ③　ルールを守っている子に注目せよ。

　ルール指導というと，ルールを守っていない子に声をかける，注意をする，叱るという指導のイメージをもつ人がいます。しかし，教室を見渡してみて

ください。ルールを守っていない子よりも，ルールを守っている子のほうが多いのではありませんか。また，ルールを守らない子に声をかけたり注意をしたりすると，その指導が入らない場合があります。そうした場合，声かけや注意を繰り返すと，その子との関係が悪化してますます指導が入らなくなります。また，指導できない教師の姿を他の子どもたちが見続けることによって，教師への信頼が薄れ，そのことが教師の指導力を減退させることにつながりかねません。

　ルール指導において，守らない子を何とかするよりもはるかに大事なことは，守っている子どもたちを認めることです。例えば，「次の時間の準備をしてから休憩する」などのルールがあったら，時間の始めに「次の時間の準備ができた人がたくさんいたね」と喜びを伝えたり，「はい，次の時間の準備ができていた人，手を挙げてください。ルール，守れましたね」と認めたりします。

✓ ④　時には，外的報酬を活用せよ。

　ルールを定着させようとする時に，声かけレベルの働きかけだけでなく，具体的なアクションとともに指導すると効果的です。よく実践されるのが「ビー玉貯金」や「クラスの花」です。ルールが守られたら，ガラス瓶などにビー玉をためていき，一杯になったらお楽しみ会などの「ご褒美タイム」などを実施する実践や，「めあての木」のような掲示物に達成の印の花を貼っていくなどの実践です。

　「ご褒美」の教育的意味に懐疑的で否定的な人もいることでしょう。しかし，原理は特別支援教育などで実践されるトークンエコノミーと同じです。極めて合理的です。望ましい行動を促す時に，教師の声かけだけでは動き出せない場合があるのです。望ましい行動に向かって動き出そうとしない子どもたちの最初の一歩を踏み出させるためにはとても有効です。専門家の中には，それがあるからこそ子どもたちは動き始めると主張する人もいます。「ご褒美」は，用い方によっては，とても効果的な教育的な手立てです。

動き始めは，ご褒美という外的報酬であっても，できたことに対して「がんばったね」「先生，嬉しいな」「みんなは，自分たちで決めたことをちゃんとやり遂げるんだね」などの，自尊感情が高まる声かけなどで強化することによって，内発的な動機に転化していきます。子どもたちのやる気を高めながらルールを定着する様々な手立てが，本章で紹介する書籍には掲載されています*3。

✔ ⑤　ルール指導の導入では納得感を大事にせよ。

　特に小学校の高学年から中学校においては，ルール指導における納得感が大事です。なぜそのルールが大事なのかを理解させます。なぜ，「授業中に私語をしてはいけないのか」を伝える時に，「私語をしたらどうなるか」を一人ひとりにじっくり考えさせます。また，「私語がなかったらどうなるか」も考えさせます。

　ただ，「～しなさい」「～すること」では，子どもたちはルールを守ろうという気になりません。ルールを伝えたり決めたりする時に，「そうしたらどうなる」という事後の結末を子どもたちによく考えさせて，また，子どもたちが想像できない場合は教師がありありと語り，そのメリットとデメリットを実感させることが大事です。ルールを守ることは「徳」のある行動だと言えます。しかし，その徳のある行動に導く入り口は，ルールを守ると「得」だと実感させることが有効です。

書籍紹介 ★★★★★

『集団をつくるルールと指導
失敗しない定着のための心得』

　学級がうまく機能するためにはどんなルールが必要なのだろうか，また，それらのルールをどのように指導したらいいのだろうか。ルールが必要なのはわかるが，ルール指導が難しいと悩む教師は多いことだろう。そんなあなたに実践のヒント満載の一冊。

　実践編の小学校編を，松下　崇，荒巻保彦，田中文健，山田将由，小野領一，岡田順子，濱　弘子，宇野弘恵，近藤佳織，永地志乃，中学校編を，堀川真理，吉樂泰子，野村　薫，米田真琴，藏屋瑞代，吉田　聡，渡部智和，松井晃一，木花一則，大谷啓介が担当。小学校の実践は，あの手この手のアイディアで子どもたちの意欲を高めながらルールの定着をねらっていく。それに対して，中学校は学級経営にかける時間が少ない中で，定着に向かってじっくりと粘り腰で迫る各教師の姿勢が目を引く。具体的な声かけや失敗しそうなポイントも示されているので，難しいルール指導のガイドブックとして最適である。

＊1　河村茂雄『学級集団づくりのゼロ段階』図書文化，2012
＊2　赤坂真二『クラス会議入門』明治図書，2015
　　　赤坂真二編著『いま「クラス会議」がすごい！』学陽書房，2014
　　　赤坂真二『赤坂版「クラス会議」完全マニュアル』ほんの森出版，2014
＊3　赤坂真二編著『集団をつくるルールと指導　失敗しない定着のための心得
　　　小学校編・中学校編』明治図書，2016

第9章

PERFECT GUIDE

今のいじめ指導に決定的に
欠けているものがある。
問題に向き合うために
今、すべきことは？

いじめを本気でなくしたいなら
今すぐやるべきこと

1 ある日の部室での出来事

　もう，30年以上前の話です。私が中学生の時，部活動内（水泳部）でいじめがありました。加害者（仮にAくん）も被害者（仮にBくん）も，小学校が一緒の子でした。Aくんは，勉強はあまりできませんでしたが，ちょいワルな感じの子で，話が面白く，女子ウケもいい人気者でした。しかし，小学校の頃から，弱い者に対して強く当たる傾向のある子でした。一方のBくんは，悪い子ではありませんが，言動がちょっと変わっているのでからかいの対象となりやすいほうでした。部活動内では，数人が加害側に回ってBくんをからかい始めていた頃でした。

　練習が終わって着替え始めた時にAくんが，Bくんの腰に巻いたタオルをはぎ取ろうとしていました。Bくんは必死になって「やめて，やめてよ〜」と半泣きになっていました。周囲には私を含め何人かがいましたが，誰も止めに入る者はいませんでした。正義の味方のように颯爽と止めに入ればよかったのですが，少し躊躇しました。やはり，怖かったからです。それでも，何かスイッチが入ったように彼らの側に行き，「Aちゃん，やめろ」と静かに言ってAくんの手を取りました。Aくんは，「愉しみ」に水を差されたのか，しらけたような表情になって，タオルを手放し，黙って着替え始めました。

　その数日後，私たち男子水泳部は全員が顧問に理科室に呼び出され，Aくんと他数名は，私たちの目の前で激しく説教をされました。いつも穏やかに冗談ばかり言っていた顧問が烈火の如く叱るのを初めて見ました。誰かが，Bくんへのいじめを顧問に知らせたようです。

教え子からのメール

　それから，約10年後に教師となりました。高い理想を描いた教師生活でしたが，現実と理想の間には大きな隔たりがありました。小学校教師だった19年間は，その理想と現実の間を行ったり来たりしていたように思います。大学の教員になってから数年が経ちました。ある日，新採用２～３年目に担任した教え子から突然メールがきました。

> 　Ａ小学校６年Ｂ組卒業の「まどか」です。
> 　覚えておられるでしょうか？
> 　問題をたくさん起こしてご迷惑をおかけいたしました。
>
> 　離任式以来ですので早18年くらいになりますでしょうか。
> 　お久しぶりです。
> 　私も三十路になり２児の母親となりました。
>
> 　先生のことは，本当に大好きでこの年になってもいつか会いたいと思っておりました。
> 　ブログにコメントしたように，同級生に聞き YouTube で先生の動画を見た時はうれしくてうれしくて涙がボロボロ出ました。
> 　ブログのコメントにお返事頂いたのを見た時は，過呼吸で倒れてしまうのでは，というくらい号泣してしまいました (^^ゞ
>
> 　ニュースとかで，いじめによる自殺等で校長先生が「いじめはなかった」など発言している姿を見ると，先生なら気づかないわけはない。先生なら（子どもたちは）自殺を選ぶことはない，とせつない気持ちで見ておりました。

> 先生が教壇に立つことがないのは非常に残念でありますが，先生の講義を受け，同じような先生がたくさん増えることは子をもつ親としてありがたい気持ちでいっぱいです。

　これが届いた時に，嬉しかったことは間違いないです。しかし，意外だと思ったのも正直な気持ちでした。これを読むと，さも私がよいクラスをつくったと思われるかもしれませんね。とんでもありません。しんどい時間の連続で，自分の教師としての適性を疑う日々でした。ひどい学級経営でした。可能ならば彼女たちに謝りたいのが本音です。だから，このメールがきたときは，気持ちがあたたかくなりながらも，そのずっと奥の芯のほうでずんと冷えた感覚をもちました。

　子どもたちは本当に優しくて，私を大事にしてくれました。保護者もそうです。新採用の私を育てようとしてくれていました。しかし，クラスでは，いじめが起こることもありました。女子同士の対立もありました。私の未熟さ故，保護者の皆さんにご心配をかけ，子どもたちにつらい思いをさせました。

　それでも，学級で起こる問題に汗をかきかき右往左往していたからでしょうか，まどかさんの目には，必死にあがいていた未熟な担任の姿が印象に残ったのかもしれません。

　まどかさんたちとの日々は，私にある強い思いを抱かせます。

いじめに強い教師になりたい。

　担任した当初は，学年でも有名な「いじめっ子」と「いじめられっ子」を同じクラスにして問題が起きないわけがないだろうとクラス編成を「恨み」ました。しかし，やがて，子どもたちにつらい思いをさせたのは「自分が弱いからに他ならない」と思うようになりました。いろいろと知るうちに「いじめのない教室など，ない。だから，いじめが起こってもびくともしない，そんな教師になりたい」と思ったのです。しかし，私はいじめをなくすこと

を目指しながら，教師の管理能力だけでいじめのない教室を志向することはしませんでした。私に，そうした「強い指導力」がなかったからかもしれません。同時に次のような思いもありました。それは，「教室を現実離れした楽園にしてはならない，いじめのようなことは，世の中に出ればいくらでも経験することだろう，だから，子どもたちをあたたかな澄んだ水でしか泳げない熱帯魚のようにしてはならない」というものです。泥水でも，その中をたくましく泳ぐドジョウのような力強さを育てる必要があると感じていました。

　本章では，いじめに強い教師とは，

 いじめを強い力で制圧する教師ではなく，いじめに立ち向かうことができる集団を育てる教師

のことをいいます。皮肉なことにいじめに強い集団は，いじめのない教室では育たないのです。教室内の差別構造をえぐり取り，その事実に子どもたちと向き合うことで，いじめに強い集団が育つのです。

　冒頭のようなメールを頂いたのは，教室内の差別構造を，個人的な問題にせず，子どもたちに公開してきたからかもしれません。そして，拙いながらも，解決のために何をすべきかを考えさせてきた私の姿勢が，彼女の心の片隅に刻まれていたのかもしれません。

　では，いじめに強い集団とは，どのように考え，何をすれば育つのでしょうか。

 ## 3　いじめ防止対策推進法と基本方針の策定作業から見る対策の穴

　平成25年6月28日に「いじめ防止対策推進法」が公布されました。ご存知のようにこれは，いじめへの対応と防止について学校や行政等の責務を定めたものです。この法律の成立，そして3か月後の施行を受けて，法律の具体化のために，各都道府県，市町村において「地方いじめ防止基本方針」の策

定が行われました。これは，地方公共団体及び学校において，国の基本方針を踏まえて，地域の実情に応じた基本的な方針の検討や，法の規定を踏まえた組織の設置，重大事態への対処等，必要な措置など，「いじめ防止対策推進法」の具体化をする作業です。

　私は，お世話になっている方のご紹介で，ある市の上記作業の座長を拝命いたしました。作成された原案は，学校だけでなく保護者などの役割も明記した，とてもよく練られたものだと感じました。しかし，読み進めていくうちにある違和感を感じたのも事実でした。「何かが足りない」と思いました。

　それは，どの方針，施策も「大人が子どもに，そして制度が子どもに与える構造」になっていました。よく考えられていますが，構造的な不十分さを抱えていると思いました。いじめはどこで誰がするのでしょうか。勿論，子どもです。そして，いじめの多くは学校，それも子どもたちが日常的に過ごす教室を舞台にして，教師の気づかないところで行われています。それなのに，そこに示された文言の数々は，「大人が何とかすればいじめがなくなる」というメッセージを発していました。

　私は，次のように申し上げました。

　「とてもよく考えられていますが，大事なことが欠けていると思います。いじめは誰がするのでしょうか。いじめ防止に有効な手を打とうと思うなら，子ども集団の力を活用することです」

　そもそもこの法律は，2011年10月11日の滋賀県大津市内の市立中学校の当時2年生の男子生徒が，いじめを苦に自宅で自殺するに至った事件が元になってつくられた法律です。そこで大きな問題となったのは，学校やそれを管轄する教育委員会が隠蔽しようとしたのではという疑念がもたれたことで

いじめを大人（教師，親，制度）だけの力で何とかしようとすることは無理がある

す。こうした経緯から生まれた法律ですから，チェック体制を強化し，制度的にいじめを隠せないようにしていこうとする性格を強くもっていることは仕方のないことです。しかし，いじめを本気でなくそうとするのであれば，制度をいじるだけでなく，いじめの構造に切り込むことが必要です。

　いじめは，子どもたちが大人の見えないところで行います。いじめをなくすには，大人の助けが必要です。しかし，大人の力だけではなくせません。このことを強く自覚して，対応すべきなのです。

 ## いじめの現状から見える対策の要

　ところで，法律の制定によっていじめは減ったのでしょうか。

　文部科学省の，平成25年度「児童生徒の問題行動等生徒指導上の諸問題に関する調査」（平成26年10月16日）によれば，小学校，中学校，高等学校，特別支援学校で認知されたいじめの発生件数は，調査方法の変わった平成18年度から各学校ともに緩やかに減少傾向にありましたが，平成23年度から平成24年度に，計70,231件から198,109件と，増加しました[1]。また，いじめの認知率（1,000人当たりの認知件数）も，同年度に5.0件から14.3件に増加しています[2]。

　これは，先ほど指摘した大津市の事件によって，学校が積極的にいじめを認知するようになったからだといわれています。いじめの発生件数は，調査する側の意識に左右されます。これは今に始まったことではなく，いじめによる自殺などのショッキングな出来事があると，それに応じて対策が強化されたり，また，積極的な認知がなされたりするなど，発生件数がそれによって影響を受けてきました。

　しかし，そこからうかがい知ることができるのは，いじめ対策の「軽さ」です。

子どもの命が失われているにもかかわらず，いじめ対策が一過性のものになっている

のではないでしょうか。ショッキングな出来事があると，様々なアクションが起こる割には，それが継続されず根本的な解決につながっていないように見えるのは私だけでしょうか。

　いじめによる自殺は，あってはならないことです。しかし，「いじめ＝悲劇＝許せない」というような公式だけで対策を講じると本質を見逃してしまいます。私も現場教師でしたから，教室でいじめのような事態を認知すると，体中に何とも言えない感情，はっきり言うと「怒り」を感じます。しかし，感情は激しければ激しいほど，解決を急がせます。急いで結果を求めることは，大抵，問題の本質を歪めてしまい，「臭いものにふたをする」ような結論になってしまいがちです。

　いじめの問題を考える時に，重視したいのは不登校の児童生徒数です。いじめの認知件数は，調査方法によって左右されます。これも調査ですから，その方法によって変わる可能性がありますが，基準がいじめよりもはっきりしていますから，数値としては信頼性が高いと思います。

　平成25年度の不登校の児童生徒数は，前掲の文科省の調査によれば，小学校0.4％（276人に１人），中学校2.7％（37人に１人），計1.2％（86人に１人）です[*3]。小学校だったら，中規模校に１人から２人，中学校は１クラスに１人くらいの割合になるでしょうか。そして，その数は，平成10年度から，ほぼ横ばいです。子どもたちの数が減少していることを考えると，これは実質の増加と言えないでしょうか。

　その不登校のきっかけですが，これも同調査によると，平成25年度は，いじめとされるものは1.6％で，数としては少ないのかもしれません[*4]。いじめは割合として少ないですが，いじめを除く友人関係をめぐる問題は15.0％で，見逃せない割合です。いじめられた子と話していると，学年が上になるほど，自分の抱えている人間関係の問題をいじめとは認めたくない子も増え

てきます。

　割合として目立つのは，無気力25.6％，不安など情緒的混乱28.1％です。子どもたちには，自分の抱えている課題を言語化することが難しい子もいます。また，私たちの不安や悩みのほとんどが人間関係とかかわっているという構造を考えると，彼らの無気力や不安に，

 それがいじめとは言い切れないとしても，人間関係がかかわっている

ことは想像に難くありません。

　自殺といったショッキングなことばかりに目を向けるのではなく，自殺まではいかなくとも，また，いじめとまでいかなくとも，それ以前の問題で葛藤を抱えている子どもたちが相当数いることをうかがい知ることができます。そして，このことは対策を考える上で重要な示唆を与えてくれます。

　いじめの対策を考える上で，更に注目したいデータがあります。

　「いじめの４層構造論」を唱えた森田洋司氏が調べたところによれば，「いじめを止めてほしい人」を尋ねると，３割近くの子どもたちが学級担任を挙げる一方で，半数以上の子どもたちは，友だちと答えています*5。森田氏のいじめの４層構造とは，いじめには，「いじめっ子」「いじめられっ子」「観衆」（周りではやし立てる者）「傍観者」（見て見ぬふりをする者）が存在するという見方です。子どもたちは，いじめを見かけたら，友だちには「傍観者」にならず「通報者」「仲裁者」になってほしいということではないでしょうか。

　しかし，国立教育政策研究所・文部科学省編『平成17年度教育改革国際シンポジウム「子どもを問題行動に向かわせないために〜いじめに関する追跡調査と国際比較を踏まえて〜」報告書』には，そんな子どもたちの願いに反する現状が示されました*6。

　小学校５年生から中学校３年生まで，「傍観者」と「仲裁者」の出現率の学年別推移を見ると，イギリス，オランダとの比較を行った場合，日本以外の２つの国は，中学生から「傍観者」の数が減少しているのに対し，日本は

むしろ増加しているのです。その一方で、「仲裁者」の数は減少するのです。ここにいじめ指導の要が存在します。

子ども集団を組織する

　これまでの考察から、いじめ指導における究極のポイントが見えてきます。繰り返し申し上げます。いじめの解決は大人だけでは無理です。しかし、それは大人が無力であり、大人の介入が意味がないという意味ではありません。いじめは大人の見えないところで行われます。だから、直接的に介入することは難しいし、介入できたとしてもそれは表層を触る程度になってしまうことが起こりがちだということです。それは、大人のやるべきことを誤っているからです。

　大人がやるべきことは、

 子ども集団の組織化

です。いじめという課題に向かって、解決をしようとするチームに育てることが大人のやるべきことなのです。

　いじめのあるクラスというのは、「赤信号みんなで渡れば怖くない」といった構造になっています。その中でたった一人で「赤で渡っちゃダメだよ」と言うのはとても勇気が要ります。一人ひとりの子に負担をかけることになります。しかし、みんなで「ダメだよ」と言えるようになれば、一人ひとりの負担が減り、いじめは抑止できます。

　その前段として、学級開きに「いじめ差別は許さない」と宣言することや、顕在化したいじめに対して烈火の如く怒る、叱るということがあってもいいと思います。しかし、それは子ども集団を組織するための方向付けであり、ベクトルを揃えるための機能だということです。宣言したり、叱ったりすることは、子どもたちに「いじめを許さない集団をつくっていきますよ。協力を頼むね」という依頼であり、フレームづくりです。

いじめを許さない集団づくりへの協力依頼をして，そうした集団のフレームをつくったら，次にすることは子どもたちの組織化です。いじめはどこで起こってるかといえば，教室です。誰がいじめているかというとクラスメイトです。そして同時に，助けてほしいと願っているのもクラスメイトなのです。

　いじめの当事者を変えることは，容易なことではありません。というのは，加害と被害関係が大人から見えないことが多いからです。逆にそれが見えるようないじめは，まだ，軽度なものだと言えます。深刻で長期化しているいじめは，大人からは見えないものだとの認識も必要でしょう。したがって「いじめの４層構造論」でいえば，「いじめっ子」「いじめられっ子」という当事者にアプローチするよりも，「観衆」や「傍観者」にアプローチするほうが効果的なのです。「いじめっ子」と「いじめられっ子」は，何らかの利害関係があったり，いじめ，いじめられるという共依存関係にあることがあって，自分たちだけの力でそこから抜け出すことが難しくなっていることがあります。

　そのため，そうした関係性になっていない「観衆」や「傍観者」のほうが，教育効果が高いことが期待されます。彼らを「仲裁者」にするようなプログラムを実施，適用していくのです。

> いじめの指導に強いクラスづくりのターゲットは，「観衆」であり「傍観者」

なのです。ここでいうプログラムとは，単発ではなく継続的な働きかけによる手続きです。

　どんなプログラムを実施するかは，本章で紹介する書籍の実践編を参考にしながら皆さんお一人お一人に考えていただきたいと思いますが，ある程度方向性をここで示しておきます[7]。人間の行動変容には，次の３つのアプローチが指摘されています。

① 認知を変える
② 感情を変える
③ 行動を変える

①は, いじめはいけないことである, いじめをなくすことが必要である, と知ることです。②は, いじめはつらいものであり, いじめをなくすために行動することは気持ちのいいものであるという感情を味わうことです。③は, いじめないという行動や, いじめを見逃さない, 抑止するという行動を実際にやってみることです。どこからアプローチしてもよいと思いますが, 学級の実態と皆さんのリーダーシップに応じた方向から迫るとよいと思います。

いじめ防止のプログラムを実施していく時のポイントがあります。①②③のアプローチが次の方向に向かって実施されることです。それは,

共感性を育てること

です。

簡単に言うと, 「人の気持ちがわかる子」を育てるということです。いじめには, 暴力暴言などによる積極的な侵害行為をするという場合もあれば, 無視や冷たい態度などによる消極的な侵害行為もあります。また, 今まさに行われている侵害行為によっていじめられたと感じている場合もあれば, 自尊感情の低さから, 他者から見れば気にしなくていいようなことを過大に解釈し, 傷ついてしまう子もいます。

不登校のきっかけとして, いじめを認知している子は少数ですが, 無気力や不安によるものは大きな割合を占めていました。心に付いた小さな傷は, 積もり積もって大きな足かせとなり, 子どもたちを外の世界に向かえなくしてしまっている可能性が指摘できます。その小さな傷の発生源は, ほとんどの場合が人の評価です。

「人の気持ちがわかる子」というと, 当たり前すぎるかもしれません。しかし, 本当に重要なことはシンプルなものではないでしょうか。個性尊重や

豊かな表現力やリーダーシップという言葉は，とても耳当たりがよいです。しかし，こうした発信力を強調した教育は，慎重に進めないと子どもたちを傷つけ，子どもたちの関係性を歪める可能性があることを指摘しておきたいと思います。

> **共感性なき発信力は暴力になり得る。**

　それは，インターネットの書き込みを見れば一目瞭然ではないでしょうか。怒り，悪意，無礼，誹謗中傷に満ちあふれています。そこには，相手への配慮を見いだすことはほとんどできません。

 外に働きかける力をつける前に，個を大事にすることと同時進行で，他を思いやるための認知，感情，行動を学ぶ必要がある

のです。大人は，スローガンレベルではなく，具体的プログラムとして，共感性の育成に取り組むべきなのです。

　近年は，子ども集団の組織化による，集団の質的改善のプログラムが開発されてきました。つまり，子ども集団の教育力を高めることで問題状況を打破しようとするものです。いじめについて言えば，ピア・サポート，ピア・メディエーション，アドラー心理学に基づくクラス会議など，選択肢が増えてきたことは喜ばしいことだと言えるでしょう[8]。勿論，そうしたパッケージとして名称はついていませんが，いじめ指導に成功している教師，学校の指導プログラムには共通性があると見ています。

　では，いつからそれに取り組めばいいのでしょうか。前掲の報告書にあるように「仲裁者」が減る中学校段階でしょうか。それでは遅すぎると考えています。思春期に入ると，子どもたちの関心は大人から友人関係に移ります。それに応じて，流動的な関係性から固定的な関係性を結ぶようになるので，いじめが長期化，陰湿化する可能性が高くなります。それが小学校4年生くらいから始まるといわれます。

　したがって，小学校低学年の時から，いじめやトラブルなどの葛藤状況を

自分たちで解決するような体験をしていくことが大切なのです。小学校段階でこうした体験を十分に積んだ子どもたちは，中学校段階でも，問題を放置せず早期解決する集団を形成するでしょう。

本当のいじめは大人には見えない

ことを前提にして，子どもたち同士でいじめを抑止し，解決する力を育てることが必要なのです。

　本章で紹介する書籍で，各執筆者たちはいじめを起こさない指導，つまり「予防的指導」と，いじめが起こった時のそれをなくすための指導，つまり「治療的指導」の2つのアプローチでいじめ指導を述べています。2つの指導のあり方は，

 予防なくして治療なし

です。このことは，全ての実践に見られる共通の原則です[*9]。

　互いの気持ちを大切にしてあたたかなコミュニケーションが行き交う教室をつくることが，いじめを予防する上で最も効果的であり，子どもたちのコミュニケーションの質を変えていくことが治療の負担を軽減します。どんなに予防をしていても起こるのがいじめです。しかし，予防策をとっていないといじめは重症化します。あまりにも重症の病気は，治そうという気力すら奪ってしまいます。症状が軽いならば，子どもたちもそこに立ち向かおうとするでしょう。

　いじめに強いクラスにするためには，いじめやトラブルに子どもたちを向き合わせることです。望ましくない事態は，

このクラスにはいじめはない，いじめのない平和なクラスになっているのは先生のおかげだと思い込ませること

だと思っています。これでは，いじめに強いクラスにはなりません。つまり，いじめに対して無力な子にしてしまう可能性があります。本当に大事なこと

は，いじめなどの行為に自らの力で対応できる子を育てることではありませんか。私たちは，ずっとその子のそばに居ることはできないのですから。

したがって，

> 私たちの周囲にはいじめはある。同時に，私たちにはそれを解決する
> 力がある

と思わせることが大事なのだと考えています。いじめはなくすべきです。しかし，その過程ではいじめをなかったことにするのでは，子どもたちはいじめに対する向き合い方を学ぶことができません。

いじめに強い教師がいじめに強いクラスをつくることができます。そして，いじめに強いクラスでいじめに強い子どもたちが育つのです。

 大事なこと

なぜ，私がＡくんに「やめろ」と言えたのでしょうか。その一番の理由は，小学校時に，クラスのいじめを話し合って，行動して解決した経験があるからです。いじめが発覚した時の担任の言葉は，それからもずっと自分の行動の指針でした。

> 君たちも，クラスにいじめがあったことを知っていたはずだ。知っていたのに何もしなかった。それは，いじめをしていたことと同じだ。

私はそれからもずっとその言葉から逃げることはできませんでした。小学校でその経験がなかったら，Ａくんには何も言えなかったかもしれません。また，ＡくんもＢくんも，どちらも親友ではありませんでしたが，小学校が一緒で４年生の時のクラスメイトでした。Ａくんに「やめろ」と言っても，Ａくんが私を攻撃することはないだろうという現実的な計算もあっただろうと思います。更には，私のそうした行動を，他の子どもたちも支持してくれるだろうという漠然とした信頼感がありました。私は，けっして特別に勇気

があったわけではありません。そうした諸条件を鑑みて，現実的な行動の選択をしたのです。

　子どもたちに，いじめに「たった一人で立ち向かえ」というのは，酷すぎる話です。現代のいじめは組織戦です。組織に勝つには組織です。子どもたちには，いじめに対して組織で行動する力をつけたいものです。そのためには，いじめを許さない世論を形成し続けることが必要だと思います。

　いじめを抑止するための行動は，いじめは許さないという空気があり，そうした中で，そのための具体的な行動ができる者が一定割合を超えた時に起こってくるものです。

　本当に学校から，いや，社会から減らそうと思うなら，子どもたちにいじめを克服する経験をさせることです。いじめを克服した経験が，子どもたちに本当の勇気を与えることでしょう。

✅ 学級を最高のチームにするチャレンジ

　いじめに強いクラスは，いじめに学ぶクラスです。「いじめはある」という前提で学級経営をします。これは，いじめを容認する発想ではありません。真逆です。「わがクラスにはいじめはない」と言っている教師は，「原発は事故を起こしません」「この車は絶対に故障しません」と言っているのと同じです。私から見れば「あり得ない」ことを言っているように聞こえます。車は故障するものであるという前提で造られています。だから，修理サービスなる業務が常備されているわけです。30人近くの多様な背景を背負った子どもたちが集まる社会で，「いじめがない」と言い切るのは，「傲慢すぎる」と思います。

　力量のある教師は，自分の実践を絶対視しません。だから，クラスの子どもたちを信じてはいますが，過信もしていません。信じるに足るだけの布石を常に打っているのです。優れたいじめ対応をしているクラスは，いじめの治療力に優れているのではなく，いじめの予防力に優れているのです。どんなに予防してもいじめは起こるという前提に立っていることです。いじめに強いクラスは，いじめが起こってから動き出すクラスではありません。いじめが深刻な状況にならないように，常に予防の手を抜かず，いじめの早期発見，早期治療ができるクラスだと言い換えることができます。

　それでは，いじめに強いクラスになるための振り返りをしてみましょう。

☑ ①　いじめはどんなクラスでも起こり得るという認識をもっていますか。

　どんなクラスでもいじめ，不登校は起こり得ます。自分のクラスだけは大丈夫だと思ったら大間違いです。まず，その認識があるどうかです。子どもたちをいじめから救うためのスタートは，そうした教師の危機意識です。きっと子どもたちはいじめを克服するだろうという楽観的な視点も大事ですが，わがクラスではいじめは起きないという楽天的な視点は，今の学校教育においては，「お気楽」と言われても仕方がないように思います。

☑ ②　早期発見のためのツールを活用していますか。

　現代のいじめは大人の目には見えないところで起こります。観察を怠らないことは勿論ですが，定期的にアンケート調査などを実施して，子どもたちの実態を把握するためのコストをかけましょう。アンケートは自作のものでも結構ですが，Ｑ－Ｕ（河村茂雄『学級づくりのためのＱ－Ｕ入門』図書文化）やアセス（栗原慎二・井上　弥『アセス（学級全体と児童生徒個人のアセスメントソフト）の使い方・活かし方』ほんの森出版）など，学術的エビデンスのあるツールや信頼性，妥当性が保証されたものの活用をお勧めします。実施してみると，子どもたちの表面化しないメッセージが見えます。実際の見取りとともに併用することが大事です。

☑ ③　子どもたちとの日頃のコミュニケーション量を確保していますか。

　子どもたちと日頃のコミュニケーションを欠かさないのは，いじめの被害者たちの変化に気づくことも大事な目的ですが，加害者を出さないためにも重要です。加害者になる子は，何らかのストレス状況にあると推察されます。認めてもらえない，劣等感が強い，友人がいない，家庭生活が不安定であるなど様々だろうと思います。そうした子たちの心を満たすために教師とのコミュニケーションは欠かせません。ほめるとか認めるなどのコミュニケーションの質の部分を考える前に，まず，コミュニケーションの量が確保されているか振り返ってみてください。今日，話さなかった子はいませんか。視線

を合わせなかった子はいませんか。話しかけたら，向こうから答えは返ってきましたか。また，休憩時間などのコミュニケーションだけでなく，「教育相談タイム」や「おしゃべりタイム」など，一人ひとりとコミュニケーションをとるシステムがあると更に望ましいです。更に，日記帳や生活ノートなどで，個人的につながるためのツールも用意したいものです。

☑ ④　子どもたち同士が知り合う時間を意図的に設定していますか。

　教師にとって，教室はクラスかもしれませんが，一人ひとりの子どもたちから見たらどう見えるでしょうか。子どもたちにとっては，最初からクラスではありません。それはまるで，満員電車や病院の待合室です。知り合い数人とあとは「他人」からなる場所です。ここで，もし喧嘩が起こったら誰が止めるでしょうか。しかし，そこが親戚の集まる場所だったら，どうでしょう。ケンカが始まったら「おいおい，やめなさい」と誰かが止めに入るでしょう。「関係がない」から，いじめを放置するのです。今の子どもたちは，内と外がはっきりしていて，身内には優しいのです（同じグループという意味ではありません）。しかし，知らない人には「手厳しい」子もいます。だから，子ども同士が知り合う機会を増やすことがいじめの予防の有力な策です。

　朝の会，帰りの会，授業の隙間の時間に簡単なゲームをやるのもいいでしょう。私は，月曜の朝，座席替えの後は，必ずアイスブレイク的なゲームをしました。帰りの会は，一日の振り返りを隣の子とさせました。授業中も，頻繁にペアワーク，グループワークを入れました。一対一で話せる関係を，クラス内で数多くもたせるようにしました。

☑ ⑤　クラスの諸問題を子どもたちが話し合って解決する機会を設定していますか。

　いじめの問題だけを話し合うと，子どもたちはそうした問題解決のための話し合いを嫌がるようになります。自分たちの利益のためだとわかっていて

も，目の前の痛みに耐えられないのです。私たちは，目の前の快感を好み，先には快感があることが保証されていても，目先の苦痛には耐えられないのです。だから，普段から，生活の諸問題の話し合いを「普通に」実施して経験値を上げておくことが必要です。クラスで飼う金魚の名前を決めよう，クラス全員が楽しめるお楽しみ会をしよう，給食の配膳で割り込む人がいるのでどうするか……など，日常に議題はあふれています。そうした問題を，子どもたちに話し合わせ，解決する喜びを味わわせるのです。話し合いの仕方については，拙著『クラス会議入門』に詳しく示してあります*10。

☑ ⑥　クラス内に「いじめは許さない」という世論が形成されていますか。

　子どもたちの中には，本心では「いじめはなくならない」「いじめられる側にも原因がある」と思っている子がいることでしょう。残念なことですが，一定数のそうした子どもたちがいることは間違いないです。しかし，大事なことは，そうした意識を行動化させないことです。いじめはしてはならないということについて，主体的な判断をしている子と，何となくしてはいけないという空気だからしないという子がいることでしょう。しかも，大抵の場合は，後者が多数でしょう。それでもいいと思います。いじめが起こらないのならば。だから，いじめを許さないという雰囲気をつくることが大事です。

　そのためには，学級開きから一貫して，教師が子どもたちに「いじめは許さない」と訴え続けることが大事です。しかし，これだけではスローガンにすぎません。スローガンだけでは変わりません。だからこその①〜⑤なのです。されど，スローガンは大事です。そして，それを訴え続けることが大事なのです。シンプルなことをシンプルに訴え続けることです。

　具体的な実践については，どうぞ次ページで紹介する書籍をお読みください。

『いじめに強いクラスづくり　予防と治療マニュアル　小学校・中学校編』

　　　　　実践編の小学校編を，松山康成，浅野英樹，宇野弘恵，畠山明大，永地志乃，近藤佳織，南　惠介，西村健吾，中学校編を，堀川真理，野村　薫，吉樂泰子，井口真紀，海見　純，山本宏幸，岡田敏哉，清水謙一が執筆。

　各実践家に，いじめに対する徹底した予防戦略を見ることができる。小学校編は，個人技が光る。まさしくマン・ツー・マン・ディフェンス。徹底して被害者に寄り添い，加害者に向き合う。また，中学校編はチーム連携が光る。まさに，ゾーン・ディフェンス。ゴール下まで連携して進みながら，やはり，ゴール間際では個で向き合う。各実践に共通することは，日頃の子ども同士の関係性の構築の厚みである。信頼関係抜きに，いじめの克服はないと気づかされる。シビアな現実をしたたかに，そして，あたたかく切り抜けてきた実践の数々。

＊1，＊2，＊3，＊4　平成25年度「児童生徒の問題行動等生徒指導上の諸問題に関する調査」文部科学省，平成26年10月16日

＊5　森田洋司・滝充・秦政春・星野周弘・若井彌一編著『日本のいじめ　予防・対応に生かすデータ集』金子書房，1999

＊6　国立教育政策研究所・文部科学省編『平成17年度教育改革国際シンポジウム「子どもを問題行動に向かわせないために～いじめに関する追跡調査と国際比較を踏まえて～」報告書』，2006

＊7，＊9　赤坂真二編著『いじめに強いクラスづくり　予防と治療マニュアル　小学校編・中学校編』明治図書，2015

＊8　池島徳大監修，池島徳大・竹内和雄著『DVD 付きピア・サポートによるトラブル・けんか解決法！指導用ビデオと指導案ですぐできるピア・メディエーションとクラスづくり』ほんの森出版，2011

＊10　赤坂真二『クラス会議入門』明治図書，2015

「主体的・対話的で深い学び」を
実現するには？
また、それが成り立つための
必要条件とは？

アクティブ・ラーニングは
子どもたちを社会人に育てる
授業のあり方である

1 アクティブ・ラーニングと注目の背景

　突然，わが国の教育の中心に躍り出た感のあるアクティブ・ラーニングですが，これが何者であるかを押さえずして，理解すること，そして，その先の実践はあり得ないでしょう。まず，アクティブ・ラーニングとは何かを押さえておきたいと思います。もともとは大学の授業において使われている言葉です。平成24年8月の中教審答申（いわゆる「大学教育の質的転換」答申）において，大学の授業改革の方向性として提唱されています。これによると，

> 教員による一方向的な講義形式の教育とは異なり，学修者の能動的な学修への参加を取り入れた教授・学習法の総称。学修者が能動的に学修することによって，認知的，倫理的，社会的能力，教養，知識，経験を含めた汎用的能力の育成を図る

としています。具体的には，発見学習，問題解決学習，体験学習，調査学習，教室内でのグループ・ディスカッション，ディベート，グループ・ワークなどが挙げられています。

　ここで気になるのが「学修」という言葉です。もともと学修は，「学問をまなびおさめること」を言い，学習は，「まなびならうこと」を言います（新村出編『広辞苑第六版』岩波書店，2008）。2つを比べると，前者のほうが積極的な姿がイメージできるでしょう。普通，小中高などでは子どもたちを学習者と表現します。大学の場合，1単位時間の授業に対して倍以上の時間の予習・復習を自分ですることが単位取得の原則になっていて，より積極的な学びが必要なことから，このような言葉が使われているのではないでしょうか。

　さて，わが国の教育においては突然降って湧いたように現れたアクティブ・ラーニングにかかわる熱い動きですが，新学習指導要領の告示を受けて今は落ち着いてきました。しかし，2015年頃から教育関係，とりわけ出版業

界におけるアクティブ・ラーニングの一大ブームは記憶に新しいところです。「アクティブ・ラーニング」と冠した書籍が飛ぶように売れるという時期がありました。ただ、落ち着いたとはいえ、まだよく正体がわからないところもあるでしょう。しかし、それぞれの現場で実践が積まれることによって、姿形がはっきりしてくるだろうと予測しています。

　わが国では、大きなインパクトをもって迎えられたこの言葉ですが、アメリカでは、アクティブ・ラーニングは「当たり前」の学習スタイルのようです。1980年代から、アメリカは大学の大衆化により授業形態を変えざるを得なかったようです。つまり、エリート教育だった高等教育が大衆化することによって、知識伝達型の授業が成り立たなくなったのです。高度経済成長期の1960年代には、わが国の大学進学率は10〜15％でした。しかし、70年代半ばには30％を超え、以後、大学が増え「入りやすくなり」、現在に至っています。

日本の高等教育も大衆化した

わけです。

　教育システムが違うので、単純に大学進学率を比較することはできませんが、アメリカの大学進学率は約70％、日本は約50％くらいです（調査によっては、それぞれ10〜20％高い数値を示しているものもあります）。よく言われるのは、アメリカは「入りやすくて出にくい」、日本は「入りにくくて出やすい」と指摘されているので、こうした大学のあり方の違いも進学率に影響していることでしょう。いずれにせよ、多くの人が大学教育を受けるとなると、それだけ多様な人に対応した授業のあり方が求められるのでしょう。

　これを「後れ」ととるかどうかは議論の分かれるところですが、とにかくわが国は、政策的後押しによって、学びのあり方を変えようとしているということは確かです。政策的には、先述したような定義が見られますが、学術としての定義はどのようなものでしょうか。アクティブ・ラーニングの研究を進める京都大学の溝上慎一氏は、次のように定義します*1。

> 一方的な知識伝達型講義を聴くという（受動的）学習を乗り越える意味での，あらゆる能動的な学習のこと。能動的な学習には，書く・話す・発表するなどの活動への関与と，そこで生じる認知プロセスの外化を伴う。

　しかし，研究者たちをもってしてもアクティブ・ラーニングの定義は難しいようです。だからこそ，これを聞いたときに現場の教師たちは少なからず不安を感じたのだろうと思います。また一方で，政策における定義に見られるように，従来から現場でよく実施されてきた学習方法とそれほどイメージが変わらないというのも事実かもしれません。しかし，ここで押さえておきたいことは，高等教育の学びのあり方から始まった議論だということです。

 ## ② 高等教育から初等教育，そして大学入試へ

　2014（平成26）年11月20日に，当時の文部科学大臣が中央教育審議会に学習指導要領の改訂を諮問（「初等中等教育における教育課程の基準等の在り方について（諮問）」）しました。その中では，アクティブ・ラーニングを「課題の発見と解決に向けて主体的・協働的に学ぶ学習」と説明しました。大学の授業の方向性だったものが，次の学習指導要領の改訂を見据えて（小学校は2020（平成32）年度，中学校は2021（同33）年度，高等学校は2022（同34）年度の入学生から順次，全面的な実施に入る見通し），初等教育にまで下りてきました。つまり，次期指導要領に導入される見通しとなり，注目を浴びるようになったということです。

　アクティブ・ラーニングへの注目度が高まったのは，高等教育の学びのあり方の変換が，初等教育に下りてきたという部分だけではありません。もう一つの大きな改革を伴っているからです。それが大学入試改革です。中教審の高大接続部会は，2014年10月下旬に開催した会合で答申案を大筋で了承しました。大学入試改革は，段階的に実施されるようです。それによると，大

きな節目は，センター試験に代わる「大学入学希望者学力評価テスト（仮称）」が始まる2020（平成32）年度，そして，新学習指導要領に沿って出題科目や出題形式が変わる2024（平成36）年度です。今年度（平成29年）の，高校1年生と小学5年生が，大学入試改革後の最初の受験生になります。

　どのように変わるかというと，現段階では，新テスト導入においては，「考える」力を見る入試などと報道されています。具体的には，

> ①　「教科型」で出題される基礎学力テストでは，各教科の「知識・技能」と「思考力・判断力・表現力」の評価
> ②　「教科型」に加えて「合教科・科目型」と「総合型」の問題も組み合わせて出題する学力評価テスト（将来的には教科型を廃止）では，「知識・技能」を活用した「思考力・判断力・表現力」の評価
> ③　各大学の個別選抜では，大学の個性に合わせて小論文や集団討論，面接などを組み合わせ，思考力・判断力・表現力とともに，両テストでは測れない「主体性・多様性・協働性」の評価

という3段構えです。知識・技能が軽視されているというわけではありませんが，これまで重視されてこなかった活用力や主体性に比重がかけられているようです。つまり，私たちが大学入試対策として，暗記力にものをいわせて注入した「知識量で勝負」といったテスト対策では対応がかなり難しくなることは間違いないです。

　なぜ，初等教育，中等教育で一斉指導型や講義形式という授業が今なお多く実践されているかといえば，それは，大学入試においては受験生の知識量が重視されているからです。一斉指導や講義形式の授業は，一定の知識，同じ内容を同時に多くの対象に伝えるのにはとても便利だからです。また，指導している教師たちが，そうした受験を勝ち抜いてきた勝者だからという側面もあるでしょう。教師たちは，そうした授業に見事に適応できた人たちだと言えるでしょう。大学入試のあり方が，高等学校の授業のあり方を規定し，それが中学受験のあり方を規定し，そしてそれが，中学校，小学校の授業の

あり方を規定してきたと言っていいのではないでしょうか。

　しかし，大学入試が変わります。大学入試が変われば，高等学校の授業のあり方が変わります。以下は説明の必要がないでしょう。アクティブ・ラーニングに伴う一連の改革のうねりが大きく感じられるのは，大学から小学校までを巻き込んだ改革だからでしょう。かつての生活科の導入は主に小学校でした。総合的な学習の導入は，高等学校まででした。

 ## アクティブ・ラーニングと学級集団づくり

　アクティブ・ラーニングを機能させるには，学級経営の質が問われることになるでしょう。学級経営といえば従来は，小学校の先生方が主に学ぶ内容でした。しかし，近頃は様相が変わりました。中学校の先生方が学級経営を熱心に学んでいます。そして，今，高校の先生方の中で学級経営を学ぼうとする方が増えています。授業が変わるためには，その基盤である学級を変えなくてはという認識です。

　少し考えてみましょう。アクティブ・ラーニングをしている日常とはどんな日常でしょうか。アクティブ・ラーニングをしているクラスの中では，子どもたちが討論しているでしょう。また，学んだことを他者と伝え合い共有

していることでしょう。また，子どもたちが，個人ではなく，2人またはそれ以上の小さなグループを形成し，学び合っていることでしょう。また，学んだことについて短いレポートを書いて，それを報告し合っていることでしょう。また，3人から6人程度の互いに協働するグループをつくって問題を解決しているかもしれません。また，子どもたちがディベートをやったり，話し合い活動をしたりしているかもしれません。また，ビデオを観た後，本を読んだ後，続きを話し合ったり，感想を交換したりしているかもしれません。また，ちょっとしたゲームをしているかもしれません。

　こうした学習が日常化するためには，当然，学習者同士の関係性が良好で，また，モチベーションが高くなるような雰囲気があるなどの学習環境が整っている必要があります。それに気づいている人たちは，そこに向き合い，そのための学習をしているのです。つまり，教材研究や，発問や指示などの教授法の学習だけではなく，学習者のモチベーション管理などの学級経営的な知識，技術を学ぼうとしているのです。

　これまで一斉指導，講義形式で何とかやれていても，学習者の関係性（感情的交流）や学習ルールや対人関係のルールをしっかりつくってこなかったクラスは，アクティブ・ラーニングを実施しようとすると一気に崩れるというか，停滞する可能性があります。なぜならば，

> アクティブ・ラーニングは，集団思考の学習であり，その思考の量や質は学習者の力や学習者同士の関係性に依存する

からです。アクティブ・ラーニングは協働的に問題解決をする学習です。普通に考えてみたら嫌いな相手と一緒に作業しても，よいアイディアは出てこ

ないことでしょう。また，モチベーションも上がりません。つまり，

> 集団思考をしたく（一緒に考えたく）なり，その活動ができるような集団でないとアクティブ・ラーニングは成り立たない

のです。

　それでは，アクティブ・ラーニングの本質について，もう少し突っ込んで考えてみましょう。アクティブ・ラーニングをアクティブ・ラーニングたらしめているものとは，何でしょうか。アクティブ・ラーニングは，前述しましたが，

> **主体的・協働的な学習**

と説明されてきました。確かに，話し合いやディベートやグループ学習をすれば，協働的な学習は成り立ちます。話し合いやグループ学習をすれば集団思考が成り立っているのではないでしょうか。しかしそれでは，これまでの活動的で交流型の学習でも十分によかったのではないでしょうか。アクティブ・ラーニングは，単なる交流型の学習ではないのです。その答えは，アクティブ・ラーニングの導入の背景にあります。

 4 「協働的な学び」について

　さて，話を先に進める前に，この協働について整理しておく必要があろうかと思います。文部科学省は，「教育課程企画特別部会における論点整理について（報告）」（平成27年8月26日教育課程企画特別部会）（以下，「論点整理」）では，アクティブ・ラーニングを「課題の発見・解決に向けた主体的・協働的な学び」と説明していました。しかし，「次期学習指導要領等に向けたこれまでの審議のまとめについて（報告）」（平成28年8月26日中央教育審議会教育課程部会）（以下，「審議のまとめ」）では，「主体的・対話的で深い学び」と言い換え，授業改善の視点だと示しました。これは，定義が変わ

ったのでしょうか。

　いえ，定義は，本章の冒頭に示したもので変わりありません。「論点整理」でも，協働の部分に関して「他者との協働や外界との相互作用を通じて，自らの考えを広げ深める，対話的な学びの過程が実現できているかどうか」という指導法の改善の視点を示しています。一方，「審議のまとめ」では，「対話的な学び」に関して，「子供同士の協働，教職員や地域の人との対話，先哲の考え方を手掛かりに考えること等を通じ，自己の考えを広げ深める」ことが実現できているかと改善の視点を示しています。本質的には，対話的な学びは，他者との協働を通して，深い学びに行き着くことがねらわれていることがわかるでしょう。しかも，学習者同士の協働がしっかりと位置づけられています。

　「協働的な学び」を「対話的で深い学び」と表現したのは，これまでの学習指導要領の改訂や学力を巡る世論との調整をしようとしたのだと思います。生活科や総合的な学習の導入のときに，盛んに「はいまわる生活科」とか「活動あって学びなしの総合」などと批判されたことがありました。協働と打ち出してしまうと活動重視の学習が展開されることへ批判が起こるという

判断があったのだろうと思います[*2]。また，PISA ショック，ゆとり教育批判，学力低下論争を経ての今回の改訂です。当然，学習が活動型になることによる学力低下に危機感をもつ人たちも相当数いることでしょう。そうした一定の世論に対して，「学習は活動型になるが，けっして知識理解，技能のところは疎かにしない」というメッセージを込めたのだと考えられます。

アクティブ・ラーニングの本質は，主体的で協働的な学びだと考えて問題はなさそうです。

 アクティブ・ラーニングはキャリア教育

アクティブ・ラーニングは考え方だと言う人がいます。一方で，それは方法だと言う人もいます。改革に伴う新しい言葉は，常に理念から始まりやがて方法論として収斂してきました。生活科も総合的な学習も，最初は「何でもあり」の様相を示していましたが，実践が進むと方法論となりました。恐らく，アクティブ・ラーニングもそのような流れになるでしょう。また，アクティブ・ラーニングは，教科や領域の名前ではないので，言葉そのものすら消えていく可能性もあります。名前が残るかどうかは別にして，忘れてはならない視点があります。

それは，アクティブ・ラーニングが

キャリア教育

としての側面を強くもっているということです。それは，「論点整理」に示されています。

皆さんの今，担任する子どもたちが社会人になるのは西暦何年くらいですか。例えば，2018年4月時点の小学校3年生が，大学を出て社会人になる年が2030年です。新学習指導要領が施行され10年経ちその次の指導要領が始まっているかもしれませんね，また当然，大学入試制度が今とは変わっています。2030年はどんな世の中になっているのでしょうか。少し考えてみてくだ

さい。

　「論点整理」には，次のような未来予測が示されています。詳しくはそちらをご覧ください。概略を示すと，2030年には，

- ・少子高齢化が更に進行し，65歳以上の割合が総人口の３割に達する一方で，生産年齢人口が総人口の約58％に減少する
- ・世界のGDPに占める日本の割合は5.8％から3.4％にまで低下し，日本の国際的な存在感の低下が懸念される
- ・グローバル化や情報化が進展する社会の中で，変化が加速し，先を見通すことがますます困難となり，今の子どもたちの65％は，技術革新の影響で今存在しない職業に就き，今後10年から20年程度で半数近い仕事が自動化することなどが予測される
- ・こうした変化が全ての子どもたちの生き方に影響してくる

とされています。

　わが国は，これまで経験したことのないような局面を迎えるのだということははっきりしているのです。かつて戦争で一時的に人口が減ったことがありますが，今のようにジワリジワリと減っていくようなことはありませんでした。敗戦という屈辱的な経験がその後の爆発的な復興のエネルギーになったと見ることもできます。しかし，今は「失われた20年」とも呼ばれる構造的な長期の不況とともに，緩やかに国力が損なわれていく状況です。戦後のような瞬発力のあるエネルギーは期待できそうにありません。予測できない未来に突入するということでしょう。

　こうした状況を受けて，「論点整理」では，次のような力を子どもたちにつけることの重要性を指摘しています。

- ・社会の変化に受け身で対処するのではなく主体的に向き合うこと
- ・その過程を通して，一人ひとりが自らの可能性を最大限発揮し，よりよい社会と幸福な人生を自らつくり出すこと

　こうして見てくると，

アクティブ・ラーニングは，単なる授業改善の問題ではない

ことがおわかりいただけると思います。これまで学校教育は，学習内容を確実に子どもたちに伝達することで，国際的に高い学力を育ててきたと言っていいでしょう。しかし，どうもその学力が，よりよい社会をつくるという力とつながっていなかったのではないか。今後，その視点を強化したいということでしょう。そうした現状と願いから，学習内容を伝達することにとどまらず，社会をつくり自らの人生を切り拓くための資質・能力を育てるような学習のあり方を構想しなくてはならないということです。

　これまでも「生きる力」の育成が求められてきましたが，漠然としているところがありました。そこで，それを実体化しようと「言語活動の充実」が推進されました。しかし，私の見るところ，これがうまくいかなかったと思います。「国語の力の育成」というような教科指導の枠組みに収められてしまい，広がりを生むことができなかったのではないでしょうか。そこで，更に進められた「単元を貫く言語活動」も生きる力に届かなかったという反省があるように思います。アクティブ・ラーニングは「生きる力」を育てるための具体像として提唱されているのです。つまり，よりよく生きるための資質・能力を育成するための教育のあり方の実体化なのです。

　「論点整理」等の公文書を読み進めてくると，先行き不透明な状況になる，だから，しっかりと社会をつくる若者を育ててほしいとの国としての要望が見えてきます。確かに，わが国が発展するためには，少子高齢化を解消したり，冷えゆく経済を活性化したり，消えゆく地方都市を再生したりと解決すべき課題は山ほどあります。それらを放っておいて，一人ひとりの幸せな生活は描くことは困難だろうと思います。そうした

 解決困難な問題に挑む力を育てる学習のあり方が，アクティブ・ラーニング

であり，そこで期待される子どもたちの姿が，主体的で協働的な学習者だと

204

言えるでしょう。

　ただ，先ほども申し上げた通り，互いにかかわっていればそれが生きる力となるかというとそうではないのです。子どもたちの圧倒的多数は素直です。教師が「やりなさい」と言えばやるのです。だから，やらされるグループ学習も話し合いも存在し得るのです。そこでは子どもたちは「やったふり」をしているだけです。言うことを聞かせられる力をもつ教師以外の授業では，途端にやる気を失います。アクティブ・ラーニングがアクティブ・ラーニングとして成立するためには，そこに子どもたちの協働があることは勿論ですが，

その協働が主体性に支えられているかどうか

が極めて大切なことなのです。

　アクティブ・ラーニングが単なる活動型，交流型の学習にならず，勿論「やったふり」に陥らないためには，学習において子どもたちが自ら課題を解決しようとしているかどうかが重要なのです。協働の仕方や取り組むべき課題は，発達段階によって異なってくるでしょう。しかし，初等教育から高等教育まで貫くべきことは，協働による問題解決とそれを支える主体性です。自らやる気になっているかどうかなのです。

　公教育の改革であることを考えると，よりよい国，社会をつくる国民の育成という視点はよくわかります。しかし，一方で忘れてはならないことは，一人ひとりの生き方の充実なくして，国や社会の発展はないということです。これからの国や社会の発展を考えたときに，高度な知識と判断力と大胆な行動力をもつエリートの育成は必要でしょう。アクティブ・ラーニングは，エリート教育の側面をもっているのかもしれません。

　しかし，エリートだけでは国や社会は成り立ちません。よりよい社会とは，一人ひとりの幸福の上に成り立つと思います。ただ，また同時に，自分だけの幸福を追い求めても人は幸せになれないことも事実です。大勢が幸せになるために他者のことを考え，他者と協働することができる力をできるだけ大

勢の人がもつことが必要なのです。人生に必要な課題や，みんなで考えたくなるような課題の解決を通して，「生きる力」を育てるという方向性は，極めて妥当だと言えるでしょう。アクティブ・ラーニングが「生きる力」を育てるものであると考えれば，それが数時間やいくつかの単元でなされればよいものでないことがわかります。初等教育，中等教育，高等教育の連続性の中で，繰り返し学ぶ中で身についていくのが「生きる力」です。そして，

 積極的な協働は，よりよい人生を築くことに有効である

という認識を一定数以上の人たちがもつことが，個人，そして社会の幸せにつながるのです。教育実践と幸せになる力の育成の関係性については，参考文献をお読みいただければと思います[*3]。したがって，新学習指導要領改訂の議論における「生きる力」を育てるためのアクティブ・ラーニングという発想は，とても有効な方針だと捉えています。

　本章で考えるアクティブ・ラーニングをまとめると次のようになります。

① キャリア教育であること
② 解決困難な問題に挑む力を育てるものであること
③ その課題は集団思考を伴う協働で解決するものであること
④ その活動が主体性に支えられているものであること
⑤ ①〜④が，初等教育から高等教育の連続性の中で実践されるものであること

　実践編での実践者たちのアクティブ・ラーニングは，上記の①〜⑤に必ずしもぴったりと当てはまらないと思います。当然です。細かな定義はないわけです。彼らも試行錯誤の中でアクティブ・ラーニングの具体像を追究しているわけです。しかし，かなり有効な実践になっていると思います。読者の皆さんも，彼らの実践をその鏡として自分の実践を映し出し，自分なりのアクティブ・ラーニングを構想してみてください。子どもたちの「生きる力」育成のために。

☑️ 学級を最高のチームにするチャレンジ

　日々授業改善に取り組んでいることと思います。あなたの授業はアクティブ・ラーニングになっているか振り返ってみましょう。アクティブ・ラーニングは特定の指導法のことを指すものではありません。したがって、「これこそがアクティブ・ラーニング」などというものはないのです。しかし、だからといってペア学習やグループ学習などの交流型の学習がそれなのかと言われればそうではないのです。「論点整理」や「審議のまとめ」に寄り添う形で、振り返りの観点を示してみます。

主体的な学び

☑️ ①　子どもたちが学習に関心をもって、積極的に学んでいますか。

　子どもたちに本時や本単元を学ぶ意味を伝えていますか。なぜ、この学習をする必要があるのでしょうか。この学習をするとどのようなよいことが起こるのでしょうか。また、この学習は、世の中とどのようなつながりがあるのでしょうか。そうしたことを子どもたちにわかりやすく伝えていますか。つまり、子どもたちが学ぶ意味を自覚する働きかけをしているかということです。

☑️ ②　課題解決の見通しをもたせていますか。

　子どもたち一人ひとりが、課題解決の方法をわかっているでしょうか。課題解決のためには、どんな手続きをとればいいのかが自覚されているでしょうか。課題解決のためにいつまでに何をすればいいかなどの学習の道筋が理解されているでしょうか。つまり、子どもたちが「こうやれば課題を解決できそうだ」という認識をもつための働きかけをしているかどうかということです。

☑ ③　学習後に振り返りをしていますか。

　学習が終わった時に，子どもたちは「何がわかったのか」「どんな力がついたのか」を自覚しているでしょうか。また，互いの学びを共有しているでしょうか。そして，この振り返りが次の学習への意欲につながっているでしょうか。これまでの学習ではあまりここが重視されていなかったように思います。時間切れだったり，すぐに次の学習に入ったりして，子どもたちに学びの実感が薄かったように思います。学習後に，子どもたちに「何がわかったのか」「どんな力がついたのか」を問いかけたときに，ある程度の明確な答えが返ってくることが望ましいでしょう。

対話的な学び
☑ ①　学習過程において子どもたちは協力して課題解決をしていますか。

　対話には，情報の共有，価値の創造，対象との良好な関係性の構築の機能があります。課題解決の過程において子どもたちは，情報の共有や価値の創造を体験しているでしょうか。また，その結果，対話をした対象と良好な関係性が構築されているでしょうか。いくら課題を解決したとしても，良好な関係が生まれない場合は対話をしたことにはなりません。

☑ ②　子どもたちはなぜかかわるのか理解していますか。

　素直な子どもたちは，「話し合いなさい」「相談してごらん」「わからない人に教えてあげましょう」と言えば，やります。しかし，それでは主体的に協働をしたことになりません。普段から，「考え方の違う人と意見を交わすこと」「みんなに関わることはみんなで相談すること」「困っている仲間がいたら助けること」などは，よいことであるということを語り，そのよさを伝え，子どもたちが自ら進んでかかわり合うよう動機づけていることが大事です。

☑ ③　かかわり合うためのルールをしつけていますか。

　かかわり合うことは，良好な関係性ができるというチャンスですが，トラブルによって関係が悪くなるというリスクもあります。学習場面だけでなく，普段の生活場面で，良好なかかわりのためのルールは徹底しておきましょう。「順番に話すこと」「最後まで人の意見を聞くこと」「相手の感情に配慮して発言すること」は，最低限の原則です。ルールに関する指導法は，第8章をお読みください。

深い学び

☑ ①　学習において，各教科で習得した「見方・考え方」が活用されていますか。

　「活動あって学びなし」にならないためには，「深い学び」の視点は極めて重要だといわれます。学びの深まりを判断する材料として注目されているのが，各教科等で活用される知識や考え方です。子どもたちの学習において，各教科等で学んだ見方や考え方が活用されているでしょうか。算数・数学では算数・数学的な見方・考え方，理科では科学的な見方・考え方をして問いを見つけたり，課題を解決したりしているかどうかが問われます。

☑ ②　各教科で習得した「見方・考え方」を活用して，自己の考えを形成していますか。

　子どもたちは，問いの発見や解決にとどまらず，学習を通して，自分の考えを構想したり，新たな思いを想像したりしているでしょうか。学習を通して，新たな価値を見いだせるような学習が日々展開されることによって，子どもたちは更に学習に意欲的になることでしょう。

『アクティブ・ラーニングで学び合う授業づくり』

　実は，個人的に知り合いから「よい書籍ですね」と声をかけられる割合が高いのが本書である。私も，編集を終えて「おっ，いいな」と思ったのが正直な実感だった。一つ一つの実践が非常にキレがある。アクティブ・ラーニングについては，議論と試行錯誤の最中だとは思うが，その参考書としては，よい情報になるのではないだろうか。あなたに合ったアクティブ・ラーニングが見つかることだろう。現在，アクティブ・ラーニングに関しては良書がたくさん出ているが，本書は，特定の理論と手法によるものではなく，定義を尊重しつつ，多様なアクティブ・ラーニングのあり方を示しているところが最大の強みである。

　実践編の小学校編を，髙橋健一，吉田賢二，岡田広示，八長康晴，松下　崇，松尾英明，南　惠介，佐藤　翔，濱　弘子，岡田順子，中学校編を，久下　亘，海見　純，渡部智和，髙橋淳一，倉澤秀典，根平緯央，岡田敏哉，井口真紀，柴﨑　明，堀川真理が執筆している。とても個性的な，実践群である。

＊1　溝上慎一「第Ⅰ部第1章　アクティブラーニング論から見たディープ・アクティブラーニング」松下佳代編著『ディープ・アクティブラーニング』勁草書房，2015

＊2　教育課程研究会編著『「アクティブ・ラーニング」を考える』東洋館出版社，2016

＊3　赤坂真二『スペシャリスト直伝！　成功する自治的集団を育てる学級づくりの極意』明治図書，2016

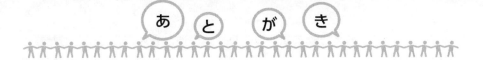

あとがき

　本書の内容は，「学級を最高のチームにする極意シリーズ」の第1章の理論編として記載された各テーマに対する考え方に，そこから想定される実践する上で大切にしたいポイントをチェックリストとして加筆したものです。したがって，技術や内容（ネタ）よりも考え方を中心に構想されています。読者の皆様の中には，「言いたいことはわかった，じゃあ，具体的にどうすればいいのか」と半ばじれったい思いで読み進められた方もおられるかもしれません。

　このような構成の書籍が出版の運びとなったのは，勿論，本シリーズの理論編を一気に読みたいという何ともありがたいニーズがあったからに他なりません。しかし，私の意図は，そのニーズにお応えすること以外にもありました。近年，「スペシャリスト直伝！シリーズ」で『成功する自治的集団を育てる学級づくりの極意』『主体性とやる気を引き出す学級づくりの極意』と，敢えて技術や内容（ネタ）に関する部分を極力排除し，考え方を強調した書籍を上梓させていただいてきました。

　それには次のような背景があります。

　1980年代後半から1990年代は，教育技術の力が教育界を席巻しました。本屋さんに行けば，教育書コーナーはほぼ教育技術，授業ネタの書籍で書架が埋め尽くされました。そうした本が爆発的に売れました。技術や内容（ネタ）を中心に扱ったハウツー本です。それはそれまでの思想や情に基づく教育とは一線を画し，当時の改革志向の教師たちの感性と知性を大いに刺激しました。名人と呼ばれる教師が何年もかけて創り上げた実践のエッセンスを抽出し，「誰でもできる」レベルで解放し，教職経験が少なくても勉強さえすれば「あのレベルに達することができるかも」という夢を個々の教師に見せました。それはそれでとても意味のあることであり，時代のニーズを的確につかんだものと言えます。しかし，それを成り立たせた要因は，子どもたちの実態の均一性が担保されていたことや教師の自由裁量の時間が確保され

ていたことなどが考えられます。つまり，北海道から沖縄まで子どもたちの
実態にそれほど差がなく，また，学級崩壊のような教室全体が混乱に陥るよ
うな状況がそれほど報告されていないときでした。また，学習指導要領の改
訂で，内容が３割程度削減され，今より，カリキュラムに余裕がありました。
個々の教師が創造性を発揮して，やりたい実践が比較的自由に展開できると
いう土壌がありました。

　ところが，2000年を過ぎようとする頃からバブル崩壊後の国民の生活の多
様化により，子どもたちのあり方も随分多様になりました。同じ方法ではう
まくやれない事例が少なからず報告されるようになりました。また，学級崩
壊のような前例のない事態も起こってきました。更に，学校の多忙化や社会
情勢の変化，特に学力低下論争の影響により教師の自由度が狭まり，ますま
す，技術主義は成功を保証しにくくなってきました。

　技術主義は，間違いなく教育界にとって大きなイノベーションでした。し
かし，世の中は大きく変わりました。今，教育界は次のイノベーションが必
要となっています。そのキーワードが，「考え方」だと思っています。思想
というよりも思考と言っていいでしょう。教育は，思想・情から，技術，そ
して考え方へ。思いから知識，そして知恵へと重点のシフトチェンジをして
いく時にきています。思いに沿った行動や知識の獲得は，高揚感があり，楽
しいです。一方で，考え方の涵養は時間がかかり，かつ，地道な営みです。
しかし，子どもたちを深い学びに導こうとする教師たちが，技術や内容（ネ
タ）といった表層のレベルだけで教育を捉えていていいのでしょうか。今こ
そ，教師は，自らの力量形成における学びにおいてもその本質と向き合い，
深い学びを重ねていくべきです。本書が皆様の，そうした学びの一助になる
ことを心から願っております。

　本書の発刊にあたって明治図書の及川誠さん，西浦実夏さん，姉川直保子
さんに多大なるお力添えをいただきました。心から感謝申し上げます。

　2018年1月

赤坂　真二

【著者紹介】
赤坂 真二（あかさか しんじ）
1965年新潟県生まれ。上越教育大学教職大学院教授。学校心理
士。19年間の小学校勤務では，アドラー心理学的アプローチの
学級経営に取り組み，子どものやる気と自信を高める学級づく
りについて実証的な研究を進めてきた。2008年4月から，即戦
力となる若手教師の育成，主に小中学校現職教師の再教育にか
かわりながら，講演や執筆を行う。

【著 書】
『スペシャリスト直伝！ 学級づくり成功の極意』（2011年），
『スペシャリスト直伝！ 学級を最高のチームにする極意』
（2013年），『一人残らず笑顔にする学級開き 小学校〜中学校
の完全シナリオ』（2015年），『最高のチームを育てる学級目標
作成マニュアル＆活用アイデア』（2015年），『自ら向上する子
どもを育てる学級づくり 成功する自治的集団へのアプロー
チ』（2015年），『いじめに強いクラスづくり 予防と治療マニ
ュアル』小学校編・中学校編（2015年），『思春期の子どもとつ
ながる学校集団づくり』（2015年），『気になる子を伸ばす指導
成功する教師の考え方とワザ』小学校編・中学校編（2015年），
『スペシャリスト直伝！ 主体性とやる気を引き出す学級づく
りの極意』（2017年，以上明治図書）他多数

〔本文イラスト〕木村美穂

最高の学級づくり パーフェクトガイド
指導力のある教師が知っていること

2018年2月初版第1刷刊 ©著 者 赤 坂 真 二
2018年11月初版第3刷刊 発行者 藤 原 光 政
発行所 明治図書出版株式会社
http://www.meijitosho.co.jp
（企画）及川 誠（校正）西浦実夏・姉川直保子
〒114-0023 東京都北区滝野川7-46-1
振替00160-5-151318 電話03（5907）6704
ご注文窓口 電話03（5907）6668

＊検印省略 組版所 長野印刷商工株式会社

Printed in Japan ISBN978-4-18-169515-6
もれなくクーポンがもらえる！読者アンケートはこちらから →